KB040850

나는 돈이 없어도 사업을 한다

48-HOUR START-UP:
From Idea to Launch in 1 Weekend
by Fraser Doherty MBE
Originally published by Thorsons,
an Imprint of HarperCollins Publishers Ltd., London.

Korean Translation Copyright ⓒ 2017 by The Business Books and Co., Ltd.
Korean translation rights arranged with HarperCollins Publishers Ltd., London
through EYA(Eric Yang Agency), Seoul.

나는 돈이 없어도 사업을 한다

프레이저 도허티 지음 | 박홍경 옮김 | 명승은 감수

스펙도 나이도 필요없는  주말 48시간의 기적

비즈니스북스

옮긴이 **박홍경**

서울대학교에서 언론정보학과 지리교육학을 전공했으며, KDI MBA 과정 finance&banking을 공부했다. 서울외국어대학원대학교 한영통번역과를 졸업했다. 〈헤럴드경제〉와 〈머니투데이〉에서 정치·경제 기자로 활동했다. 현재 번역 에이전시 엔터스코리아에서 출판기획자 및 전문 번역가로 활동하고 있다. 옮긴 책으로는 《경쟁력》, 《아프리카, 중국의 두 번째 대륙》, 《긍정적 이탈》 등이 있다.

감수자 **명승은**

벤처스퀘어 대표. 컴퓨터 활용 잡지 기자로 시작해 매경인터넷 디지털미디어 IT 전문 기자까지 인터넷과 기술 문화에 대한 전문성을 키워온 미디어 전문가이다. 또한 2010년부터 국내 최초의 스타트업 전문 미디어 벤처스퀘어를 통해 한국의 스타트업 생태계 복원을 위해 애쓰고 있으며 스타트업 투자와 이벤트 개최, 투자 등의 역할을 하는 액셀러레이터로 활동하고 있다. 공저로는 《IT 벤처 해외 진출 성공 사례기》, 《청년재테크》, 《아이패드 혁명》, 《지금, 당신의 스타트업을 시작하라!》, 저서로는 《하드디스크 관리기술》, 《미디어 2.0: 미디어 플랫폼의 진화》가 있다.

나는 돈이 없어도 사업을 한다

1판 1쇄 발행 2017년 10월 30일
1판 22쇄 발행 2024년 10월 31일

지은이 | 프레이저 도허티
옮긴이 | 박홍경
발행인 | 홍영태
편집인 | 김미란
발행처 | (주)비즈니스북스
등 록 | 제2000-000225호(2000년 2월 28일)
주 소 | 03991 서울시 마포구 월드컵북로6길 3 이노베이스빌딩 7층
전 화 | (02)338-9449
팩 스 | (02)338-6543
대표메일 | bb@businessbooks.co.kr
홈페이지 | http://www.businessbooks.co.kr
블로그 | http://blog.naver.com/biz_books
페이스북 | thebizbooks
ISBN 979-11-86805-88-6 03320

이제 누구나 사업가가 된다

100세 시대, 인생 3모작, 조기 은퇴시대, 기승전치킨집 등 개인의 미래에 대해 다양한 이야기가 회자되고 있다. 어떤 표현이든 상관없이 모든 이야기는 한 사람의 인생이 한 번의 취업과 한 번의 은퇴만으로는 채워지지 않을 것임을 내포하고 있다.

취업이 전부인 것처럼 여기고 있는 청년 구직자들에게는 좀 다르게 들릴지 모르겠지만 이제 취업 이외에 창업 역시도 선후를 가리지 않고 일자리를 구하는 한 형태가 될 것이다. 그런 와중에 청년 창업자가 유리하냐, 장년 창업자가 더 유리하냐는 질문은 우문이다. 누구나 한 번 이상 창업하게 되는 것이 현실이기 때문이다. 이제 창업은 유불리를 떠나 당연한 인생의 과정이 되었다.

여기서 지적하고 싶은 것이 있다. 창업創業은 회사 설립을 의미하는 창사創社와는 반드시 같지 않다는 것이다. 또한 '스타트업' 역시 스타트업 기업을 의미할 뿐 아니라, 시장의 문제를 발견하고 이를 해결하기 위한 아이디어를 구체화하는 실행 전체를 표현하기도 한다. 따라서 이 책에서 소개하는 창업 또는 스타트업 방법이 48시간이라는 최소한의 투자로 가능한 방법이라고 해서, 단순히 '빠른 시간 안에 회사를 만들어라'는 메시지로 받아들이지 않길 바란다.

일찍이 다니엘 핑크가 2001년《프리 에이전트의 시대가 오고 있다》에서 지적했다. 이전에는 모든 조직이 모든 개인들과 별개로 일거리를 만들고 이를 내부 인원으로만 처리해왔지만, 이제는 내외부를 가리지 않고 일의 완성을 위해 프리 에이전트를 동원하게 될 것이다. 개인의 입장에서는 자신만의 경쟁력을 갖춘 사람이라면 조직의 소속으로 움직이든 개인적으로 움직이든 일거리가 개인에게 찾아오도록 할 수 있다는 것이다.

스타트업도 마찬가지다. 스타트업은 일의 시작을 의미하지 반드시 그것이 '회사 설립'을 의미하지 않는다. 회사라는 조직의 설립은 스타트업이 풀고자 하는 사회경제적·기술적 문제를 해결하는 과정 중 필요한 때에 해도 늦지 않다.

2017년은 애플의 아이폰이 시장에 나온 지 10주년 되는 해다. 아이폰에서 작동하는 애플리케이션을 사고 파는 장터인 앱스토어는 많은 개인들과 조직들에게 당장 사업을 시작할 수 있도록 해주었다. 구글 플레이도 그런 역할을 하고 있다. 게임을 만드는 사람이라면 조직이든 개인이든 스팀Steam이라는 플랫폼으로 가벼운 인디게임부터 첨단 VR게임에 이르기까지 소프트웨어를 전 세계로 유통할 수 있게 됐다. 또한 2000년대 초반에 시작된 '옥션' 플랫폼도 중고 상품을 개인들끼리 거래할 수 있게 했다. 이 플랫폼을 통해 중소사업자들도 새로운 판로를 열 수 있었다. 2017년 현재 네이버의 스토어팜은 개인과 중소사업자들이 손쉽게 쇼핑몰을 만들어 전 국민이 사용하는 포털 검색을 통해 자신의 상품을 팔 수 있다.

고객이 불편하거나 필요한 것을 내가 해결해줄 수 있고, 고객이 미처 생각하지 못한 즐거움을 내가 채워줄 수 있다면 그것이 바로 진정한 '스타트업'startup이라고 생각한다. 이 책 역시 48시간 안에 회사를 차리라는 의미가 아니라 그만큼 짧은 시간에 고객을 위한 서비스를 만들어 제공하거나 제품을 만들기 위한 첫 준비 작업을 마무리할 수 있다는 의미로 쓰였다.

감수자의 입장에서 이 책에서 나온 여러 국내 현실과 맞지 않는 부분에 대해 추가적인 정보를 제공하기 위해 노력했다(저자와 감수자가 소개하는 알아두면 좋을 리소스, 툴, 가볼만한 곳, 읽을거리는 따로 정리해 부록에 수록했다.—편집자). 본질적으로 각 나라마다 법 제도가 다르고 세금과 경제 체계가 다르다는 점은 감안하면 이 책이 사업을 막 시작하려 하거나 사업에 대한 막연한 두려움을 가진 독자들에게 큰 도움이 될 것이다.

그 외 더 자세한 창업 정보가 필요하다면 정부에게 제공하고 있는 온라인 법인설립시스템www.startbiz.go.kr, 창업지원 사업 정보 포털www.
k-startup.go.kr 을 방문하길 바란다. 물론 감수자가 창업한, 민간의 스타트
업 생태계 소식을 꾸준히 전하고 있는 벤처스퀘어www.venturesquare.net 역
시 독자들의 필수 방문 코스라고 할 수 있다.

취업준비생 1,975명 중 77.3퍼센트가 창업을 할 의향이 있거나 실
제 계획하고 있다고 한다. 창업을 희망하는 이유 중 가장 많은 응답을
차지한 것은 47.4퍼센트(복수응답)가 선택한 '원하는 일이 하고 싶어
서'. 다음으로는 '평생 직업으로 삼을 수 있어서'(41.1퍼센트), '직장생활
보다 만족감이 더 클 것 같아서'(34.7퍼센트) 등이 뒤를 이었다. 한쪽에
서 막연하게 창업을 두려워하는 분위기가 있는 반면, 반대로 창업에
대한 막연한 환상이 있는 것 같아 걱정이다. 이 책이 두려움이든 환상
이든 사업에 대해 잘못된 인상을 갖고 있는 독자들에게 스타트업 시작
에 필요한 키포인트를 제공해준다. 또한 우리가 정의해둬야 할 창업가
로서의 자세에 대해 다시 생각해볼 수 있는 계기를 만들어준다.

벤처스퀘어 대표이사 명승은

내 인생 최고의 결정

창업 노하우를 공유하기 위해 전 세계 다양한 컨퍼런스에 참석하다 보니 나는 많은 사람들을 만나곤 한다. 그들은 대체로 지금의 나를 보면서 자신도 자유롭게 살고 싶다는 반응을 보인다. 혐오스러울 만큼 단조로운 업무에서 벗어날 자유, 누군가의 지시 없이 일하고 싶을 때 일하고 신념에 따라 사업을 할 자유, 좋아하는 일을 하면서 생계를 꾸리고 돈과 시간에도 구애받지 않는, 그런 자유 말이다. 그리고 그들은 하나 같이 어떻게 그런 삶을 살 수 있게 되었느냐, 어떻게 성공할 수 있었느냐 부러워하며 내게 비결을 묻는다.

지금에 와서 하는 말이지만 이런 삶을 가능하게 만든 첫 번째 일은 바로 '결정'이었다. '내 사업'을 하기로 한 결정 말이다. 그저 내가 생각한 아이디어를 알리고 싶다, 다른 사람에게도 전하고 싶다는 마음에서 자연스럽게 시작된 것이긴 하지만, 그 형태는 분명 시작하겠다는 결심이었다. 과일 100퍼센트로 만든 '슈퍼잼'Super Jam 사업으로 나는 20대에 백만장자가 되었고, 이후에 소개할 몇 가지 사업을 통해서도 나는 계속해서 자유로운 삶을 누리고 있다. 내가 그토록 열망했던, 노 홈 노 오피스No home No office로 새로운 곳과 사람을 찾아 전 세계를 누비는 삶을 실현하게 된 것도 모두 그 결정에서 비롯됐다.

하지만 내 이야기를 들은 일부 사람들은 아니꼬운 시선으로 이런 반응을 보이기도 한다. '그런 삶은 운 좋게 성공한 젊은 사업가에게나 해당되는 이야기지.' 그게 아니면 타고난 재능을 가진 천재 사업가의 이야기일 뿐이라고 일축하거나 발목 잡을 가족이 없는 젊은이에게나 가능한 일이라고, 자신과는 다른 사람의 이야기라며 선을 긋는다.

그렇지만 분명하게 말할 수 있다. 나의 시작도 평범했다. 어떻게 보면 내 상황이 오히려 더 불리했다. 영업이나 협상 등 비즈니스 전략에 대해 아무런 개념도 없던 열네 살의 어린 학생이었으니 말이다. 게다가 으레 성공적인 사업이라면 기발한 아이디어와 IT를 기반으로 한 혁신기술을 떠올리지 않는가. 나는 일상에서 흔히 발견하는 아이템, 그것도 식료품 사업으로 영국을 비롯해 덴마크, 핀란드, 러시아, 호주, 한국 등에 퍼진 세계적인 브랜드를 만들었으며 그 후 시작한 맥주 사업과 원두 사업에서도 놀라운 성과를 올렸다. 특히 온라인 맥주 판매 사업인 '비어52'는 런칭 2년 만에 매출 300만 파운드(약 45억 원)를 갱신하기도 했다.

지금 당장 사업을 시작할 수 있다

자유와 모험을 누리기 위해―때로는 자신의 존재 이유를 밝히기 위해―자신의 사업을 하는 것이 하나의 방법임을 알고 있으면서도 실제로 실행하는 사람은 극히 드물다. 왜냐하면 많은 사람들이 사업에 실패하면 온 집안이 박살날 것처럼 생각하기 때문이다. 실패에 맞닥뜨리기 않기 위해 아이디어를 짜고 전략을 세우고 계획을 만들기에 수년을 할애한다. 사업 진행의 가닥이 어느 정도 잡혔다고 해도 절대 망하지 않을 거라는 확인이 들 때까지 이름 모를 시장조사를 계속하기도 한다.

여기 사업 성공에 관한 중대한 사실이 하나 있다. 사업의 꿈을 실현하지 못하게 발목을 잡는 것이 바로 실패에 대한 두려움이라는 것이다. 그리고 일이 잘 되지 않아 망신을 당할까 봐, 두 번 다시 기회를 얻지 못할 거라는 두려움에 당연히 누려야 할 기회 앞에서 주저한다. 그러는 동안 누군가는 대담한 도전정신과 빠른 실행력으로 성공의 자리에 먼저 오른다는 것을 간과한다.

이처럼 현실적인 두려움과 싸우는 숱한 사람들을 보면서 '창업을 할 때 명운을 걸고 뛰어드는 위험을 제거해보면 어떨까' 하는 생각이 들었다. 모든 것을 걸고 깊은 바다로 뛰어드는 것이 아니라 살짝 발을 걸치는 정도로만 창업을 할 수 있다면? 만약 그럴 수 있다면 더 많은 사람들이 용기를 내서 마음이 가는 대로 실행하지 않을까?

작게 시작하라, 48시간 스타트업 프로젝트

그런 이유로 나는 한 가지 프로젝트를 시작했다. 이른바 '48시간 스타트업.' 주말 이틀 동안, 최소비용으로, 아이템 발굴부터 제품 판매까지, 안정적으로 창업을 완성하는 프로젝트다. 실패에 대한 두려움이 막대한 투자 손실의 위험에서 비롯된다면 아주 적은 투자로 창업에 성공하는 본보기를 보여 최적화된 조언을 줄 수 있길 바랐다. 그래서 나는 기존에 슈퍼잼과 온라인 맥주 사업인 비어52를 운영하면서 '오섬 오츠'Awesome Oats라는 브랜드로 온라인 오트밀 판매 사업을 벌였고 모든 프로젝트 과정과 그때 활용한 도구, 채널 등을 여기에 정리해 써나갔다.

전업으로 창업을 시작하려는 사람이든 부업으로 병행하려는 사람이든, 아니면 이미 사업을 하고 있는데 두세 번째 사업을 시도하려는 사람이든 이 책에서 도움이 될 만한 경험과 노하우를 얻을 수 있을 것이다. 특히 제2의 인생을 위해 직장에 다니면서 사업을 해보려고 하는 사람에게 이 책은 적절한 롤모델이 되어줄 것이다. 요즘처럼 평생직장이라는 말이 무의미해지고 누구나 한번은 사업을 해야만 하는 시대라면 본업에 무리를 주지 않으면서도 가능한 창업 노하우가 필요하다. 여기 최소 투자로 실현한 창업 이야기가 이 시대에 필요한 조언이자 하나의 희망이 되길 바란다.

당부를 하자면 어떤 사업을 구상하고 있는지에 따라 나처럼 주말 안에 작업이 가능할 수도 있고 아닐 수도 있다. 예를 들어 재료 조달에 의존하는 상황인데 공급업체가 주말에 쉰다면 주말 48시간 동안에 창업은 어려울 것이다. 그러나 내가 했던 사업과 여러분이 하려는 사업이 다르더라도 거쳐야 할 단계는 거의 비슷하다. 그러니 말도 안되는 프로젝트라고 넘기지 말고 끝까지 봐주길 바란다. 돈이 없거나 시간이 없는 극한의 조건도 남다른 묘안으로 극복할 수 있다는 사실을 기억하길 바란다.

창업은 이미 많은 사람이 걸어간 길이기에 굽이굽이 혼자 힘으로 완수하려는 생각은 지혜롭지 못하다. 이 책을 커닝 페이퍼 또는 지름길을 알려주는 네비게이터로 편하게 여겨라. 최소의 투자로 최대 효율을 얻을 수 있게 창업 과정의 핵심을 짚은 참고서로 봐도 좋다.

책에서 일러준 단축키로 창업을 진행하면 대다수의 스타트업 창업가들이 최소한 몇 달 동안 매달리는 일을 단 며칠 만에 해낼 수 있다. 물론 일주일 만에 조 단위의 회사를 만들 수는 없다. 하지만 이틀간 완전히 몰입해서 체계적으로 절차를 밟아나가면 깜짝 놀랄 만한 일을 이룰 수 있을 것이다. 성공한 모든 기업의 시작도 이와 다르지 않았다. 일단은 두려움을 극복하고 한 걸음, 여기서부터 시작됐다.

차례

감수의 글 이제 누구나 사업가가 된다 ····· 5
서문 내 인생 최고의 결정 ····· 9

제1장 사업의 이유
더 멀리 가길 원한다면 더 빨리 시작하라 21

창업 바라기는 사업가가 되지 못한다 23 │ 아이디어를 온 동네에 알려라 24 │ 낙관주의자 한 명, 비관주의자 한 명 25 │ 어떻게 나는 사업을 선택했는가 27 │ 달걀에서 베이컨으로 29 │ 베이컨맨에게 고객서비스를 배우다 30 │ 굳이 남을 위해 내 인생을 허비할 필요가 있을까 33 │ 기꺼이 시도하라 34 │ 창업가로서의 첫 주말 37 │ 첫 번째 성공, 슈퍼잼 40 │ 두 번째 성공, 엔벨롭 커피 42 │ 세 번째 성공, 비어52 47 │ 당신 혼자만의 생각이 아니다 53 │ 주말 이틀이면 충분하다 54 │ 돈 없이도 사업한다 55 │ 48시간 창업 프로젝트 56 │ 새로운 시대에는 새로운 방법으로 59 │ 나만의 이유에서 시작하라 60 │ 온전히 집중하라 61

창업가 인터뷰 ❶ 좋아하는 일을 하면서 돈 버는 법 **피자 필그림** ····· 65

제2장 아이디어 찾기
창조보다 재발견이 답이다 69

하늘 아래 완전히 새로운 것은 없다 71 │ 같은 문제, 다른 관점 73 │ 캘리포니아행 티켓을 끊어라 75 │ 우선 2등이 돼라 76 │ 누구를 모방할까 78 │ 전업인가, 부업인가 79 │ 영감은 어디

에서 얻을까 81 | 당신의 관심사 83 | 일단 써본다 85 | 사업 모델로 차별화하기 86 | 아이디어 선택하기 92 | 시장규모 알아보기 95 | 오트밀 사업을 한번 해볼까 97

창업가 인터뷰 ❷ 창의적인 아이디어를 내는 방법 **붐에프** ····· 107

제3장 진행 순서 정하기
'시작'에도 요령이 있다   111

할 일 목록 112 | 고객과의 대화가 먼저다 113 | 바이어에게 묻는다 115 | 고객에게 전화를 걸어라 118 | 경쟁사는 연구개발 부서와 같다 122 | 전문가에게 묻는다 124 | 올바른 멘토 찾기 126 | 전문가와 연결해주는 플랫폼 126 | 올바른 질문을 하라 127 | 아이디어 강화하기 129 | 4P로 아이디어를 정의하라 130

제4장 제품 만들기
작게 시작하고 빠르게 실행하라   143

직접 만들기 143 | 엣시에 상점을 개설하라 145 | 첫 단계, 시제품 제작 145 | 메이커 스페이스 146 | 3D 프린팅 146 | 디자인 재능 하나로 사업하려 한다면 147 | 제조 아웃소싱 148 | 자체 브랜드 생산 150 | 중국 제조 151 | 알리바바 152 | 자체 출판을 하고자 한다면 152 | 블러브 153 | 아마존 크리에이트스페이스 154 | 물건을 만들지 않으면서 사업하는 방법 154 | 모바일 기반의 서비스 155 | 잡지는 콘텐츠가 생명 156 | 유튜브로 돈 벌기 158 | 기가 막힌 오트밀 제품 만들기 159

창업가 인터뷰 ❸ 가정집에서 음식료 브랜드를 시작하는 방법 **산도스 콜드브루 커피** ····· 162

제5장

강렬한 브랜드 만들기
당신의 스토리는 무엇인가   167

하나의 메시지를 전하라 170 | 이름 고르기 171 | 꿈꾸던 이름이 이미 등록됐다면 173 | 상표 점검하기 174 | 슬로건 짓기 175 | 무드 보드 만들기 176 | 디자이너를 고용할까, 직접 만들까 178 | 프리랜서 장터 180 | 오섬 오츠 디자인 과정 183

제6장

첫날부터 홈페이지 열기
온라인을 적극 활용하라   189

홈페이지 구상 189 | 사이트는 무엇을 해야 하는가 191 | 따라할 만한 모델 찾기 194 | 실물 모형 만들기 196 | 직접 제작할까, 웹개발자를 고용할까 197 | 템플릿 고르기 199 | 사진이 가장 중요하다 199 | 오섬 오츠 촬영 202 | 촬영에 시간과 돈을 들이고 싶지 않다면 203 | 동영상, 만들어야 할까 203 | '재능 마켓'을 이용하라 205 | 리뷰 앱 활용하기 206 | 메일링 리스트 207 | 실시간 채팅 208 | 연락처 양식 209 | 자주 묻는 질문 209 | 회원제 서비스의 정기 결제 210 | 결제 처리 211 | 오프라인 결제 211 | 오섬 오츠 웹사이트 개발 212 | 회사 이메일 주소 만들기 212 | 전화번호 등록 213 | 사이트 약관 작성하기 213

제7장

첫 번째 고객 찾기
홍보가 모든 것을 결정한다   217

직거래 장터 218 | 페이스북 219 | 구글 220 | 리타겟팅 221 | 소셜커머스 222 | 링크트인 222 | 예약주문 판매 223 | 킥스타터 224 | 보도자료 225 | 블로거 227 | 무료 샘플 228 |

인쇄 광고 230 | 광고용 우편물 234 | 타겟 마케팅 237 | 데이터 구매 237 | 시험 마케팅 캠페인 238 | 이메일 마케팅 239 | 전화 판매 240 | 박람회 241 | 티켓 이벤트 243 | 파티 플래닝 244 | 고객 추천 제도 245 | 제휴 제도 246 | 할인 코드 247 | 홈쇼핑 채널 248 | 타 브랜드와의 제휴 250 | 밋업 251 | 오섬 오츠의 론칭 252

창업가 인터뷰 ❹ 최초의 고객을 발굴하는 방법 **어글리 드링크**   ····· 260

제8장

마무리
이제 세상을 바꿀 차례   265

법인 등록 267 | 계좌 개설 267 | 우편 주소 만들기 268 | 정부 보조금 268 | 크라우드펀딩 270 | 팀원 발굴 273 | 수출 275 | 사회적 목적 279

창업가 인터뷰 ❺ 크라우드펀딩 캠페인에 성공하는 방법 **릭칼리스**   ····· 283

부록   ····· 285

48-HOUR START-UP

제1장

사업의 이유

더 멀리 가길 원한다면
더 빨리 시작하라

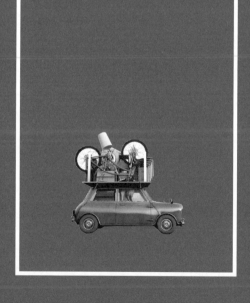

'창업 아이템이 떠올랐을 때부터 사업에 착수하고 제품을 만들어 고객에게 돈을 받고 파는 일까지, 이틀 안에 할 수 있을까?'

'48시간 안에 창업하기'라는, 말도 안 되는 시도는 이런 질문에서 시작되었다. 2016년 봄, 나는 어떤 결과물이 나올지 짐작하지도 못한 채 '시도나 한번 해보자'고 생각했다. 요즘 창업자들은 온갖 최신 도구를 활용할 수 있다. 게다가 나는 창업세계에서 짜릿하고 도전적이면서 때로는 기이하게 비치는 경력을 쌓으며 다양한 교훈도 얻었던 터다. 그런 경험을 살려 과연 최소한의 비용으로 창업이 가능한지 도전해보기로 했다.

나는 청년 창업가로서 세계 도처에서 열리는 수백 건의 창업 이벤트에서 강연할 기회가 많은데 주최국의 문화가 낯설더라도 일단 창업자들과 만나는 자리에 가면 마치 내 집에 온 것 같은 편안함을 느낀다. 우리 창업자 집단은 똑같은 방식으로 사고하는 식구들이나 마찬가지다. 세계 각지에 흩어져 있는 이 가족들은 남을 위해 일하기를 원치 않으며 자기만의 방식으로 세상에 족적을 남기기 원하는 부류의 사람들이다.

또 우리들은 아이디어를 즐겨 생산하고 때로는 세상에 이제껏 존재하지 않았던 물건을 발명한다. 최소한 내 경험상 우리 부류는 인생이 짧다고 느끼기에 일분일초를 최대한 아껴서 활용한다. 그렇게 시간을 활용하는 최선의 방법이 바로 창업이다. 창업은 경험을 쌓는 기회이자 친구들과 일할 수 있는 기회이며, 우리가 사랑하는 일인 동시에 어쩌면 세상을 약간 변화시킬 수도 있는 방법이다. 일을 하면서 어찌 이보다 더 큰 것을 바랄 수 있겠는가?

그런데 세계 곳곳의 창업 행사들을 순례하면서 한 가지 사실을 발견했다. 나와 생각이 같은 참석자들이라도 생각을 실제로 행동에 옮기는 사람은 극히 드물다는 점이었다. 오히려 창업의 꿈을 품은 사람들 대부분이 자기 생각에 반反하는 삶을 보낸다. 직장생활을 견디고 대학에서 학업을 이어가며 승진을 위해 일하고 대출을 상환하며 지금까지의 삶을 유지하는 데 에너지를 쏟는다.

창업 바라기는 사업가가 되지 못한다

어떤 창업 이벤트에 가든 그런 곳을 자주 찾아오는 '창업 바라기' wantrepreneurs 부대를 볼 수 있다. 이들은 사업을 시작하겠다는 생각은 많아서 세미나에 참석하고 각종 책을 사들인다. 심지어 성공한 창업가들을 만나 조언도 구한다. 그런데 사업은 시작하지 않는다.

어쩌면 실패를 두려워하거나 일을 차일피일 미루며 질질 끄는 성격이 문제일 수도 있다. 원인이 무엇이든 한 가지 확실한 점은 많은 창업 바라기들이 '완벽한 아이디어'가 찾아오기만을 기다린다는 사실이다. 세상에 그런 아이디어란 존재하지 않는다. 이들은 늘 주변 사람들에게 최근 떠올린 아이디어를 소개하지만 그중 하나에 집중해서 실제로 만들어볼 생각은 전혀 하지 않는다. 이렇듯 대부분의 창업 바라기들은 아이디어가 창업으로 연결되는 건전한 발전을 스스로 막는다. 게다가 아이디어를 시장에 선보이기는커녕 꽁꽁 숨겨 놓고 주변인 누구와도 상의하지 않는 일도 허다하다. 이건 비극이라 할 수밖에 없다. 하나의 아이디어가 세상의 빛을 보는 일도 드물고, 더 나쁘게는 아이디어를 선보일 기회조차 잡지 못하는 것이 현실이기 때문이다.

혹시 이런 나태한 변명이 익숙하게 들리는가? 나도 이런 말을 꺼내고 싶지는 않지만, 어쩌면 창업 바라기라는 표현은 이 책을 읽고 있는 바로 당신을 묘사하는 말일 수도 있다. 하지만 고칠 수 있는 병이니 안심해도 좋다. 굳은 의지로 행동에 나선다면 창업 바라기에서 벗어나

리라고 자신 있게 말할 수 있다.

아이디어를 온 동네에 알려라

창업 바라기들의 사고방식이 어떠한지 단적으로 보여주는 일화를 소개해보겠다. 창업 행사에서 연설을 마치면 조용히 다가와 자기소개를 하는 사람들을 종종 마주친다.

"저, 사업 아이디어가 하나 있는데요."

그들에게 질문을 한다.

"멋지군요. 어떤 아이디어입니까?"

"아니, 말씀드릴 수는 없고요…. 제 아이디어를 가져가시면 안 되잖아요?"

그러면서 손사래를 친다. 이는 이상하기도 하고 접근 자체가 완전히 잘못된 일이다. 사업 아이디어가 있지만 아직 설익은 단계라면 더더욱 다른 사람에게 알려야 옳지 않은가. 어느 누가 도움을 줄지 모르니 말이다. 아이디어를 들은 사람이 유용한 조언을 주거나 업계에 아는 지인을 소개시켜 줄 수도 있다. 운이 좋다면 고객을 자처하는 사람들에게 안내해줄 수도 있다. 그러나 창업 바라기들은 이처럼 엉뚱하게 아이디어를 숨긴다. 이렇다 보니 대체 그들에게 어떤 아이디어가 있는지 들을 기회가 없다.

뭐, 사업 아이디어를 조심스럽게 이야기해야 한다는 생각은 든다. 내게 접근했던 이들 중에 진정 혁신적으로 패러다임을 바꾸고 세상을 변화시킬 기발한 방안을 구상한 사람들도 있을 테니 말이다. 하지만 그런 혁신이 실제로 일어날 가능성은 매우 낮다. 일부러 냉정하게 하는 말이 아니다. 어떤 아이디어가 널리 전파될 가능성이 희박하다는 사실은 이미 많은 이들이 알 것이다. 신생 기업의 대다수가 창업한 후 성공을 거두지 못한다. 그렇게 문턱을 넘지 못한 많은 기업은 실패로 향한다.

이런 엄중한 현실을 고려하면 의욕만 넘치는 창업 바라기들이 세운 기업이 성공할 확률은 더 낮다고 생각한다. 그렇지만 아이디어가 입 밖으로 나와 토론의 장을 거치지 않는다면 희미한 성공의 기회마저 사라질 것이다.

낙관주의자 한 명, 비관주의자 한 명

아이디어란 극히 미미한 존재다. 어떤 아이디어든 최초의 결과물은 완전히 엉망이라고 생각해도 무방하다. 진정으로 설득력을 얻을 때까지 아이디어를 더 구체적으로 구상하고 반복적으로 수정해야 한다. 아이디어를 성공시키는 완벽한 환경이란 맹목적인 낙관주의와 솔직한 비관주의가 반반씩 섞일 때가 아닐까 하고 종종 생각해본다.

좀 더 자세히 설명해보자. 우선 아이디어를 성공으로 만들기 위해서는 '맹목적인 믿음' 한 스푼을 레시피에 꼭 곁들여야 한다. 어떤 아이디어든 끝까지 파고들어 분석하다가는 시작조차 못 하기 십상이다. 대다수의 아이디어가 시작 단계에서는 말이 안 된다는 사실을 잊지 말라. 마침내 그럴듯한 모델을 발견하기까지 오로지 신념으로 밀어붙여야 하며 몸으로 부딪치면서 배우는 수밖에 없다.

바로 이 때문에 어느 정도의 신념이 필요하다. 첫 단계에서는 준비가 완벽하지 않아도 그 아이디어에 뛰어들어야 한다. 많은 창업 바라기들이 사업계획을 완결 짓거나 시장조사를 보완하는 데 시간을 보낸다. 진실을 말하자면, 아이디어란 세상으로 나오기 전에는 완벽한 형태인 경우가 절대 없다. 일단 저지르고 봐야 한다.

이런 신념이 섰다면 아이디어를 이리저리 내던져봐야 한다. 적어도 당신이 정신 나간 게 아니라는, 즉 적어도 아이디어만큼은 완전히 얼빠진 게 아니라는 점을 확인하도록 몇몇 사람들과 이야기를 나눠 보라. 아마 가족이나 친구에게 어떻게 생각하느냐고 물어보고 싶을 것이다. 하지만 당신을 너무나 아끼는 사람들은 아이디어가 엉망이라고 말할 수 없기에 공정한 조언을 줄 수 없다. 그러므로 해당 아이디어와 관련된 일을 하거나 과거에 했던 사람들, 또는 그 업종에 대해 잘 알고 있는 당사자에게 의견을 구해야 한다. 혹여 당신의 감정을 상하게 하지는 않을까 눈치를 보지 않을 사람, 당신이나 당신의 아이디어와 이해관계가 없는 사람을 찾아야 한다.

물론 이 작업에도 긴 시간을 들일 필요가 없다. 책 후반부에서는 이런 비평을 빨리 얻을 수 있는 방법을 소개할 것이다. 용기를 내서 아이디어에 뛰어드는 낙관주의를 발휘했다면 이제는 아이디어가 형태를 갖추도록 도움을 줄 비관론자들도 찾아볼 시간이다. 그러면 아이디어라는 당신의 작은 애벌레는 창업이라는 아름다운 나비가 될 것이다.

비관주의에 짓밟혀 아이디어의 일부가 끝장날 가능성도 있으며 경우에 따라 그렇게 해야 마땅할 수도 있다. 자신의 아이디어와 생각을 절대 바꿀 수 없다고 고집부리지 말라. 모든 사람이 그 아이디어는 형편없다는 반응을 보인다면 다른 옵션을 고려해야 한다.

얼마나 많은 아이디어를 시도하든 절대 낙관적인 태도를 잃지 말라. 낙관적인 생각만 유지한다면 그 아이디어는 언젠가 세상에 나올 수 있으며 당신은 창업 바라기를 졸업하고 진정한 창업가로 거듭날 것이다.

어떻게 나는 사업을 선택했는가

나는 평생 창업가를 꿈꿨다. 그것도 남들보다 훨씬 이른 나이에 꿈꾸기 시작한 편이다. 언제부터였는지 정확히 말할 수 없지만 항상 뭔가를 만들어서 이웃에게 팔곤 했다.

기억을 더듬어 보면, 돈을 벌어 보자는 시도를 처음 했을 때가 여덟 살 즈음이었다. 케이크를 구워서 학교 선생들에게 팔았고, 수익은 당시 가장 좋아하던 자선단체 그린피스에 기부했다. 열 살 무렵에는 창업가로서의 포부가 더 커졌다. 에든버러 변두리가 세상의 전부였던 꼬마의 눈높이에 있는 단순한 사업에 매료되었다. 친구와 동네 양계장에 놀러갔던 일이 기억난다. "이야, 정말 멋진 사업인걸!"이라는 감탄사가 절로 나왔다. 내가 보기에 농부가 하는 일이란 모이 주기밖에 없었다. 그러다 닭이 알을 낳으면 조심스럽게 훔쳐다가 내다 팔아서 이윤을 남겼다. 게다가 깃털 달린 직원들과 수익을 나눌 필요도 전혀 없었다. 빙고!

친구와 나는 농부 아저씨에게 달걀 한 바구니를 공짜로 달라고 사정했다. 그렇게 달걀을 얻어 와서는 엄마 아빠 앞에서 환상적인 사업 아이디어에 대해 설명했다. "달걀을 따뜻하게 하면 병아리 떼가 부화해 시장에 내다 팔 달걀을 낳아줄 거예요!"

짐작했겠지만 부모님은 뒷마당을 양계장으로 만들겠다는 아이디어에 별 감흥이 없어 보였다. 하지만 이미 나의 엉뚱한 계획에 이력이 나셨던 상태라 한번 해보라고 말씀하셨다. 아마 열 살짜리 꼬마 둘이 알을 부화시킬 방법을 발견하리라고는 기대를 안 하셨던 모양이다.

우리는 텔레비전과 케이블 텔레비전 수신기 사이의 따뜻한 공간에 달걀을 넣어 놓았다. 놀랍게도 3주 후에 달걀 네 개에서 병아리가 부화했다. 불쌍한 녀석들은 제리 스프링거Jerry Springer(토크쇼 〈제리 스프링거 쇼〉The Jerry Springer Show의 진행자—옮긴이)가 자기 엄마라고 생각했으리라! 병아리를 집에서 키우면서 이름도 붙였다. 그러다 집 밖으로 나갈 만큼 몸집이 커지자 아빠가 정원에 녀석들의 보금자리를 만들어주셨다. 얼마 뒤 닭은 알을 낳았고 우리는 그 달걀을 이웃들에게 팔았다.

슬프게도 내 양계사업은 어느 날 오후, 갑자기 막을 내렸다. 인근을 어슬렁거리던 여우가 내 닭을 저녁거리로 잡아갔던 것이다! 안타깝지만 그 일은 적어도 창업가로서 첫 번째 교훈을 깨닫게 해주었다. 최소한 자연 포식자가 존재하지 않는 사업에 관심을 둘 것.

이쯤이면 독자들도 눈치챘겠지만 사랑하는 부모님은 진을 뺄 정도로 창업가 에너지가 넘치는 어린 아들을 최대한 지원해주셨다. 내 왕성한 호기심은 부모님뿐 아니라 주변인 모두를 당황시켰다. 부모님이나 우리 식구들이 아는 어느 누구도 사업을 시작한 경험이 없었다. 대체 내 호기심이 어디에서 비롯되었는지 알 수 없는 노릇이다.

달걀에서 베이컨으로

얼마 지나지 않아 난생 처음으로 창업가를 직접 만났다. 고등학교 친구 중에 집집마다 방문해 베이컨과 소시지를 파는 '베이컨보이'가 있었다. 그 친구는 '베이컨을 팔면 한 묶음당 30펜스의 수수료를 챙길 수 있다'는 말을 듣고 그 일에 푹 빠졌다. 나도 베이컨보이가 될 수 있을까? 친구는 우리가 열두 살이라는 사실이 알려지면 문제가 될 수 있으니 열세 살인 척하라고 당부했다.

"문제없지."

나는 호기롭게 말했다. 친구는 자기 상사이자 베이컨맨인 앨런 브라이슨 씨와 약속을 잡아줬다. 순진해 빠진 데다 대답을 얼렁뚱땅 넘겨버리기도 했던 내게 그는 일자리를 줬다. 며칠 후 나는 베이컨보이가 되어 콘크리트길을 활보하며 이웃집 대문을 전부 두드렸다.

나는 금방 단골고객의 목록을 작성할 수 있었다. 학교를 마치면 흰색 유니폼을 자랑스레 걸쳐 입었다. 밤마다 몇 킬로씩 걸어 다니면서 판매기술을 끌어올리려고 애썼다. 처음에는 일주일에 20묶음 정도밖에 못 팔았는데 점차 판매량이 늘어 어느새 주당 50묶음에 육박했다.

베이컨맨에게 고객서비스를 배우다

베이컨맨은 50명 남짓 되는 여드름투성이의 10대 영업 사원들을 대상으로 매주 소식지를 발행했다. 소식지에는 "계획하지 않음은 실패를 계획하는 것과 다름없다."처럼 동기를 부여하는 인용구와 함께 그 주에 가장 많이 판 '베이컨보이 톱 10' 명단이 실렸다.

불과 몇 달 만에 내 이름이 명단에 올라갔다. 승부욕에 불탄 나는 에든버러 서부의 부유한 이웃들을 모두 아우르는 배달망을 개척했다. 쉬운 일은 아니었지만 최선을 다했다. 빗속을 뚫고 넓디넓은 진입로를 기껏 걸어갔더니 집주인이 무슬림이나 유대인인데 그날이 안식일이거나 금식 중이라거나 또는 수중에 돈이 없다고 하는 경우도 있었다.

마침내 나는 한 주에 60묶음 가까이를 판매하기에 이르렀고 내 이름은 2위에 올랐다. 1위가 리처드 필드였던 것이 지금도 기억난다. 필드는 나보다 불과 몇 묶음 더 팔았을 뿐이었다. 다음 주에는 녀석을 제치고 반드시 1위를 하리라고 결의를 다졌다. 하지만 그 녀석 역시 순순히 1위 자리를 내주려 하지 않았고, 덕분에 한바탕 베이컨 판매경쟁이 벌어졌다.

우리 두 사람의 주간판매량은 80묶음을 찍었고 이후로도 계속 증가했다. 필드가 1위를 하면 그 다음 주 1위는 내 몫이었다. 결국 내가 도보 대신 자전거를 이용하는 대단치 않은 혁신을 하면서 1위 지위를 영원히 굳혔다. 당시 경쟁하면서 느꼈던 짜릿한 자부심이 지금도 생생하다. 나는 한 주에 무려 100묶음을 판매한 최초의 베이컨보이가 되었다. 놀라운 성과에 감동받은 베이컨맨은 자신의 오른팔이 돼달라고 했다. 열두 살에 불과했던 나 같은 어린아이에게 그런 영광이 주어진 것은 처음 있는 일이었다. 그는 내가 학교수업을 마치면 자기 밴으로 픽업해서 이전에 한 번도 가보지 못한 마을로 데리고 갔다. 실력 발휘를 하지 못하는 베이컨보이를 맡아 판매속도를 끌어올리는 일이 내 임무였다.

얼마나 환상적인 일인가. 게다가 하루 20파운드(약 3만 원)라는 어마어마한 돈을 벌 수 있었다. 학교 운동장에서 노는 아이들 수준에서는 상상도 할 수 없는 금액이었다. 나는 '정말 멋지다!'라고 생각했지만 부모님은 단호하게 반대하셨다.

"절대 안 된다!"

아들이 어둠 속에서 길을 잃고 헤맬까 봐 반대하셨는지, 아니면 방과 후의 베이컨 판매가 공부를 방해할까 걱정이 돼 반대하셨는지 잘 모르겠다. 결론적으로 부모님의 반대도 내 열정을 꺾을 수는 없었고 내가 필요한 곳이면 어디든 가서 베이컨을 팔았다. 베이컨맨은 자신이 터득한 요령을 전부 내게 전수했다. 그는 전형적인 창업가였다. 기회를 포착하자 그의 친구들이 '베이컨 서비스'라는 사업 모델을 어떻게 바라보든지 개의치 않고 곧바로 실행에 옮겼다.

베이컨맨은 내게 고객 서비스의 기초를 가르쳤다. 그는 베이컨보이가 고객을 '재방문'하지 않았다는 사실을 발견하면 불같이 화를 냈다. 단골을 방문했는데 집에 없다면 동네를 마지막으로 돌 때 그 집을 다시 들러야 했다. 다시 갔는데도 단골이 집에 없다면 난감하기 그지없었다. 그는 우리가 적극적으로 연락하지 않으면 고객에게 실망을 안겨 준다는 교훈을 가르쳤다. 매주 베이컨보이에게 의지해 베이컨을 구입하는 할머니들의 예를 보자. 그런 할머니들은 잔돈까지 정확하게 챙겨 놓고 기다리는 경우가 많았다. 잠시 우편함에 간 사이에 그 주의 베이컨을 놓치면 할머니들은 슈퍼마켓에 들른 김에 베이컨을 여러 묶음 사올 가능성이 있다. 그러면 우리는 고객을 영영 놓치는 것이다.

굳이 남을 위해 내 인생을 허비할 필요가 있을까

베이컨 판매는 진정한 창업가 정신을 형성하는 경험이었고 당시 체득한 마음가짐은 오늘날까지 내게 영향을 미치고 있다. 물건을 잔뜩 담은 플라스틱 바구니를 들고 집집마다 다니면서 판매하는 것만큼 육체적으로 고되고 정신적으로 힘든 일도 없다. 전화판매원은 의자에 앉아 있기라도 한다. 게다가 내 고향 스코틀랜드는 가가호호 다니며 물건을 팔기가 더 어려웠다. 추운 날이 대부분이다 보니 베이컨 판매에 냉장 시설을 이용할 필요가 없을 정도였다! 게다가 스코틀랜드 주부들은 어찌나 검소한지, 같은 물건을 슈퍼마켓에서 얼마에 살 수 있는지 훤히 알았다. 베이컨보이들은 맡은 구역에서 처절하게 거절당하기 일쑤였다. 아홉 번 연달아 거절을 당한 끝에 찾아간 열 번째 집에서야 "사주마."라는 말을 들으며 베이컨을 동전 몇 개와 맞바꾸는 식이었다.

처음에는 반복적으로 거절당하는 상황을 견딜 수 없었다. 하지만 나중에는 베이컨보이로서, 인생을 살아가는 한 사람으로서 우리는 수천 곳의 문을 두드려야 하며, 그것도 끝까지 한결같은 열정을 유지해야 한다는 사실을 받아들였다. 창업가의 길은 셀 수 없이 많은 거절의 연속이며 이따금씩 어렵게 판매에 성공할 뿐이다. 무언가를 시도하고 실패하면 방향을 조금 틀어서 다시 시도하는 것은 창업가에게 지극히 당연한 과정이다.

어린 시절의 판매경험은 내게 큰 깨달음을 줬다. 당시 나는 사업을 시작하는 일에 완전히 매료돼 있었다. 뭐 하나 제대로 아는 게 없는 10대 아이에 불과했지만 그저 길을 따라 걸어가면서 벨을 누르고 사람들에게 말을 붙이는 일만으로도 사업을 할 수 있었다. 내 단골이 수백 명이나 생겼고 일을 잘하면 매주 판매가 조금씩 늘었다.

48시간의 창업 여정을 떠나기에 앞서, 작은 일이라도 시작하는 것이 얼마나 중요한지 기억하길 바란다. 농산물 직판장에 가든, 전화기를 집어 들든, 만에 하나 집집마다 방문하더라도 사업규모가 초라하다고 창피해할 필요가 없다.

나는 베이컨맨과 그의 가르침을 좋아하기는 했지만 어느 순간 '베이컨맨에게 맞서려는 욕망'과 싸워야 했다. 어떻게 일하면 되는지 너무나 잘 아는데 굳이 남을 위해 일하면서 내 인생을 허비할 필요가 있을까? 독립을 향한 열망에 사로잡힌 나는 베이컨맨에게 내 사업을 시작하겠다고 말하고 일을 그만뒀다. 나의 기업가정신은 그렇게 자라났다.

기꺼이 시도하라

어릴 적의 모든 경험은 오늘날 사업에 임하는 마음가짐에 큰 영향을 미쳤다. 운 좋게도 나와 동생 코너Connor는 성공이란 자신이 좋아하는 일을 발견하고 그 일로 아침을 시작하는 것이라고 가르쳐주신 부모님을 만났다. 부모님은 단 한 번도 우리 형제에게 어떤 길로 가라고 강요한 적이 없었고 아무리 기괴한 꿈을 품어도 한결같이 응원해주셨다.

이제 와 생각해보니 부모님은 어린 아들이 돈을 벌겠다며 엉뚱한 시도를 할 때 엄청난 인내심을 발휘하신 것 같다. 나는 어른이 돼서야 대다수의 부모가 그런 일을 참지 않는다는 사실을 깨달았다. 일단 아이들이 집 안에서 가축을 키우지 못하게 한다. 뭐, 거기까지는 괜찮다. 문제는 대개 그런 부모들은 아이들의 아이디어가 제대로 먹혀들지 않을 것이라며 미리 단념시킨다는 점이다. 아이들이 시행착오를 통해 스스로 터득하도록 내버려두는 대신 절차를 단축시키고 아예 시도조차 하지 못하게 만든다.

베이컨맨 덕분에 나는 창업가가 된다는 것이 무엇인지 기초적인 이해를 할 수 있었다. 그는 주체적인 사고로 인생에 접근하는 사람이었고 자기 일을 지나치다 싶을 정도로 즐겼다. 순진한 10대가 계산한 바로는 그는 자신이 일궈 놓은 베이컨 왕국에서 1년에 최소한 사나흘의 휴가를 즐길 수 있었고 근무하는 날에도 실질적으로 하는 일이 거의 없었다. 지루하고 고된 일grunt work은 충성스러운 10대 추종자들의 몫이었다(저자는 '지루하고 고된 일'에 말장난이라고 덧붙였다. 'grunt'는 '돼지가 꿀꿀거리는'이라는 뜻이 있어 문맥상 베이컨 사업을 가리킨다.—옮긴이).

남들과 사뭇 다른 어린 시절을 보낸 덕에 내 인생은 수백 건의 자잘한 사업 실패와 몇 건의 성공으로 채워졌다. 몇 년 동안 나는 온갖 아이디어의 사업화를 시도했고 대부분의 경우에 실패를 맛봤다.

10대 시절에는 기억할 수조차 없이 많은 시도를 했다. 그리고 엉뚱한 아이템에 매달려 시간을 낭비하던 기억을 머릿속에서 지우려고 노력했다. 그래도 몇 가지가 기억에 남는다. 사용한 기저귀를 매립지에 보내지 않고 변기에 버릴 수 있도록 디자인을 바꿔보려 했고, 선생님 얼굴을 새긴 초콜릿 바를 파는 사업, 야외 행사용 생분해 플라스틱 컵을 파는 사업도 시도했다. 홈페이지를 제작해주기도 했고 재미있는 티셔츠를 만들었으며 맥주 양조도 해봤다. 다양한 시도는 20대에도 이어졌다. 노인들에게 건강식을 배달하는 일을 추진하고 막판에 최고급 레스토랑을 예약할 수 있는 앱도 제작하고, 건강식을 정기적으로 배달하는 사업도 해봤다. 이 밖에 모은 돈을 각종 스타트업에 투자하기도 했는데 대부분 회수에 실패했다.

사람들에게 내 사업여정에 대한 의견을 물어보면 내가 실패를 겪고도 창업가의 열망을 접지 않고 또 다른 시도를 했다는 점에 주목하는 경우가 많다. 부모님은 내 아이디어가 당황스럽더라도 늘 기뻐해 주셨다. 어린 내가 실패한 아이디어를 며칠 만에 접고 나서 세상을 바꿀 아이디어라며 곧 다른 일에 매달릴 때도 마찬가지였다. 나는 실패 가능성이 높아도 시도를 두려워하지 않았다. 끊임없이 일을 벌이는 아들의 의욕을 한 번도 꺾지 않으신 부모님께 감사드릴 수밖에 없다.

창업가로서의 첫 주말

이미 《슈퍼잼 스토리》SuperBusiness에서 슈퍼잼 창업 일화를 읽어본 사람들도 있을 것이다. 그 책에서 나는 '할머니의 부엌에서 슈퍼마켓 선반, 그리고 그 너머로' 진출하는 모험을 그렸다.

잠시 몸담았던 베이컨 서비스를 그만둔 뒤에는 어딜 가나 새로운 사업 아이템을 발굴할 생각뿐이었다. 그러던 어느 날 오후, 글래스고에 사시는 할머니가 언제나처럼 부엌에서 잼을 만드는 모습이 눈에 들어왔다. 유레카! 잼을 팔아야겠다.

우선 할머니를 도와 잼을 몇 병 만들어봤다. 할머니의 잼 비법을 듣고 나서 의욕이 샘솟아서 잼에 쓸 과일을 사러 슈퍼마켓으로 달려갔다. 과일이 솥에서 끓는 동안 상상력을 발휘해 '도허티네 잼'이라는 브랜드 이름을 지었다. 집에 있는 컴퓨터로 라벨을 출력하고 엄마 바느질함에서 몰래 빼낸 타탄 리본으로 잼 병을 장식했다.

완성된 독특한 모양의 병에 보글보글 끓는 잼을 담았다. 열 병 남짓 채운 후 잼이 식기도 전에 플라스틱 바구니에 담아 집을 나섰다. 이 집 저 집 문을 두드리는 동안 바구니가 점점 더 무겁게 느껴졌다. 거의 모두가 안 산다고 거절했다. 그러다가 베이컨보이 시절부터 알고 지낸 친절한 할머니가 한 병 사주셨다. 야호, 드디어 내 사업을 시작했다!

할머니가 동전 1.80파운드(약 2,700원)를 손에 쥐어주던 순간에 나는 흥분을 주체할 수 없었다. 열정이 솟구친 나머지 스코틀랜드의 찬

밤바람을 뚫고 집집마다 문을 두드렸다. 그렇게 한두 시간 흘렀을까. 집으로 돌아온 나는 부모님 앞에서 빈 바구니를 자랑스레 뒤집어 보였다. 얼마나 의기양양했던지! 얼마 후 〈에든버러 이브닝 뉴스〉는 열다섯 살짜리 소년의 성공적인 사업 스토리를 보도했다.

그날 이후 나는 그야말로 잼으로 뒤덮인 인생을 살았다. 학교까지 중퇴하고 본격적으로 잼을 만들기로 결심했으니 말이다. 부모님은 내가 정말로 잼 사업으로 경력을 쌓으리라고는 생각하지 못하셨으리라. 하지만 적어도 아들이 좋아하는 일을 하고 있다는 사실은 분명했고 그들에게는 그 점이 중요했다.

나는 날마다 잼을 만들어 스코틀랜드 전역의 생산자 직거래 장터에서 팔았다. 지난주에 판 잼에 대한 고객들의 피드백에 맞추어 레시피를 계속 보완했다. 의외로 많은 사람들이 잼에는 설탕이 지나치게 많이 들어가서 안 먹는다는 사실을 털어놨다. 간단한 피드백 덕분에 아이디어가 하나 떠올랐다. 100퍼센트 과일만 넣은 잼을 만들어볼까? 이후 몇 달 동안 부엌에 틀어박혀 실험을 계속했다. 완전히 과일로만 만든 잼부터 설탕 대신 꿀을 넣은 잼까지 머릿속에 떠오르는 모든 아이디어를 시험해봤다. 그리고 마침내 과일과 과일 주스를 혼합한 레시피를 완성했다.

새로운 레시피로 만든 잼을 대형 슈퍼마켓에 판매하고 싶다는 꿈이 생겼다. 브랜드는 '슈퍼잼'으로 정했다. 영국의 대형 유통 기업 웨이트로즈Waitrose 본점에서 '바이어와의 만남'이라는 특별 행사를 연다는 소식을 듣고 나는 아빠에게 데려다달라고 요청했다. 수백 명이 손수 만든 케이크며 수프, 소시지를 들고 나타나 판촉하는 행사였다. 모든 사람에게 자기 제품을 홍보할 수 있는 시간이 10분씩 주어졌다. 내 경우에는 '시니어 잼 바이어'의 관심을 끌어야 했다. 장담하건대 그런 직책이 있다는 사실을 아무도 몰랐을 것이다!

아빠가 차에서 기다리는 동안 나는 바이어에게 100퍼센트 과일로 만든 잼에 대해 설명했다. 그는 훌륭한 아이디어라면서 뜻밖에 열여섯 살 소년을 만나 즐거웠다고 했다. 나는 행사에 참석하기 위해 두 사이즈는 족히 큰 아빠 양복을 빌려 입었는데 모르긴 몰라도 꽤 재미있는 광경이었을 것이다.

바이어는 내 잼이 마음에 들지만 사업 아이디어는 제품을 성공시키는 방정식에서 극히 일부분에 불과하다고 잘라 말했다. 그러면서 공장에 생산 라인을 깔아야 하고 바이어에게 저렴한 가격으로 공급할 수 있어야 한다고 설명했다. 또한 사람들이 왜 이 제품을 사야 하는지 설명하는 라벨도 필요했다. 마지막으로 레시피도 좀 더 손을 보는 것이 좋겠다고 조언했다.

그때까지 그렇게 아픈 거절은 당한 일이 없었다. 어쩌면 대형 슈퍼마켓의 문을 아무리 두드려도 사겠다는 대답은 전혀 들을 수 없으리라는 두려움마저 엄습했다. 브랜드를 구축하고 공장에 생산 라인을 만들 방안이 전혀 떠오르지 않아 완전히 절망에 빠져 있던 나날이었다.

첫 번째 성공, 슈퍼잼

잼 사업 아이디어를 현실로 만드는 데는 나무 주걱 하나, 10대의 낙천적 사고방식, 주말의 시간이면 충분했다. 그런데 다음부터는 별다른 진척이 없었다. 큰 성공을 거둘 잠재력을 지닌 상품으로 '진정한 사업'을 하는 일이 도저히 가능할 것 같지 않았다. 1년 후 바이어를 찾아갔다가 또다시 퇴짜를 맞고 나니 그 두려움은 기정사실이 된 것 같았다. 바이어는 내가 만든 라벨은 유치하고, 공장 건설비용이 많이 들며, 레시피도 너무 특이하다고 혹평했다. 기본적으로 나는 모든 면에서 판단을 잘못했고 처음부터 완전히 다시 시작해야 했다.

충격이 무척 컸지만 창업과정에서 거절이란 으레 있는 일이려니 하며 현실을 담담하게 받아들였다. 또한 가족과 친구들이 도움과 지원을 주는 아주 중요한 존재들이기는 하지만 그렇다고 공평한 충고를 해줄 수 있는 상대는 아니라는 사실도 깨달았다. 가식적으로 들릴지 모르지만, 우리가 진정으로 귀 기울여야 할 대상은 고객이다. 내 경우에는 바이어가 그런 고객이었는데, 그는 내가 길을 완전히 잘못 들기는 했어도 아이디어 하나는 좋다고 평가했다.

만약 고객을 포함해 모든 사람이 아이디어가 엉망이라며 혹평한다면 과연 그 아이디어에 삶을 바치는 것이 옳은지 다시 생각해보라. 반면 고객이 괜찮은 아이디어라고 평가하면 계속 밀어붙여 볼 만하다. 나 역시 그런 한 줄기 희망의 빛이 있었기에 인내할 수 있었다.

천만다행으로 내 아이디어는 괜찮은 것으로 판명되었다. 라벨을 다시 디자인하고 공장을 찾아 생산을 맡기기로 한 시점에야 슈퍼마켓 측에서 '예스'라는 답을 해줬다. 오래지 않아 슈퍼잼은 전 세계 1,000개 점포에 진열됐고 스코틀랜드국립박물관에 '스코틀랜드를 상징하는 브랜드'의 하나로 전시되기까지 했다.

이제까지 겪은 수많은 모험 가운데 가장 인상 깊었던 순간은 한국에서 슈퍼잼이 대유행하는 장면을 목격했을 때였다. 할머니는 버킹엄 궁에서 내가 찰스 왕세자에게 메달을 받았을 때가 가장 감동적이었다고 하셨다. 또, 내가 걸어온 여정이 일본에서 드라마로 제작됐을 때는 얼마나 신나던지! 드라마에서는 인도 꼬마가 내 역을 재연했다. 알아들을 수는 없었지만 아무려면 어떤가.

요약하자면 슈퍼잼은 모험과 성공의 스토리다. 그런데 슈퍼잼이 성공하기까지 거쳤던 모든 과정을 최대한 얼마까지 단축시킬 수 있을지 이따금씩 궁금했다. 창업을 해서 실제로 부딪쳐보니 모든 일이 내게는 새로웠다. 브랜드를 구축하는 방법도, 회사 재정을 다루는 방법도 전혀 몰랐다. 아는 게 너무 없다 보니 몸소 부딪치면서 파악해야 했고 길을 잘못 들어 아까운 시간을 몇 개월씩 낭비하기 일쑤였다.

첫 번째 사업에서 뼈저리게 깨달은 교훈을 두 번째, 세 번째 사업에 적용했고 덕분에 전체 과정은 갈수록 단축됐다. 가만히 앉아서 같은 실수를 반복하지 않았다.

두 번째 성공, 엔벨롭 커피

친한 친구 중에 레나르트 클레르크스Lennart Clerkx라는 네덜란드인이 있는데 무려 일곱 가지 언어를 구사한다. 이 친구는 특이하게도 냄새를 못 맡는다. 개인으로서는 엄청난 고통이겠지만 후각의 부재가 꼭 나쁜 일은 아니었다. 종종 앞을 못 보는 사람들이 탁월한 청력으로 시각 상실을 보완하듯, 클레르크스도 남다른 미뢰(맛봉오리)를 지녔다. 그는 음식의 신맛이나 단맛을 대다수의 사람들보다 훨씬 더 잘 느꼈다.

그는 자신의 특별한 재능을 발견한 뒤 커피에 관심을 보이기 시작했다. 당시 그는 세계에서 가장 진취적인 로스터(원두를 볶아서 파는 회사나 개인—옮긴이)들이 모여 있던 덴마크에 살았다. 오늘날 클레르크스의 화려한 경력은 독특한 미각 덕분에 얻은 것이다.

유럽의 커피로스터들은 최상의 원두를 발굴하기 위해 그를 아프리카, 중앙아메리카, 남아메리카로 파견하고 있다. 그가 특정 수확기에 생산된 원두의 산도나 단맛 정도를 그 누구보다도 잘 판별하기 때문이다. 무엇보다 그는 환상적인 원두를 생산한 농가를 발견하면 공정한 가격을 지불하고 구입한다. 그가 세운 '디스 사이드 업'This Side Up은 소규모 로스터가 먼 곳에 떨어진 농가에서 직접 원두를 구매할 수 있도록 돕고 있다.

클레르크스와 안면을 튼 지 얼마 지나지 않아 운하 근처에서 맥주를 한잔 할 기회가 있었다. 나는 그가 들려준 개발도상국 여행 이야기에 흠뻑 매료됐다. 클레르크스는 자기가 가본 지역의 사진을 보여주고 농민들이 어떻게 사는지도 들려줬다. 무엇보다 거기서 나는 원두가 얼마나 환상적인지 극찬했다. 결국 나는 클레르크스를 다시 만나기 위해 어느 주말에 암스테르담을 찾았다. 당연히 우리는 맥주를 몇 잔 더 마셨고 커피 사업을 보다 나은 방식으로 해볼 수 있겠다고 의견을 같이했다. 클레르크스의 인맥을 활용해서 원두를 직접 구매한 뒤 로스팅한 커피를 인터넷에서 소비자에게 직접 판매하면 어떨까? 그러면 이 환상적인 원두를 재배하는 농민들과 소비자 사이에 어떤 중간상도, 수입업자도, 슈퍼마켓도 끼지 않게 된다. 며칠 만에 나는 브랜드명을 '엔벨롭 커피'Envelope Coffee로 정했다. 이어 글래스고에서 원두를 로스팅하고 포장해줄 커피 로스터를 확보했다. 고객이 격주마다 원두를 배달받을 수 있도록 간단한 홈페이지도 만들었다. 르완다, 에콰도르 등에서 윤리적으로 구매한 원두 목록을 작성하고 나니 판매할 제품의 구색이 갖춰졌다. 인터넷에서 평범한 커피 포장지를 저렴하게 사서 멋진 라벨을 붙였다. 세련된 분위기가 났다.

덴마크 사진작가인 키바 브뤼노Kiva Brynaa를 런던의 한 커피 로스터에 초청해 제품을 촬영하는 데 반나절 남짓 걸렸다. 며칠 만에 소액 자본으로 설립한 회사이긴 했어도 고객들에게는 깊은 인상을 남기고 싶었다. 오로지 훌륭한 사진만으로 이런 일을 해낼 수 있다. 식품, 그중에서도 커피는 혀보다 눈으로 먼저 음미하기 때문에 비주얼이 생명이다.

엔벨롭 커피를 만들자는 논의가 나온 지 몇 주 만에 첫 번째 제품이

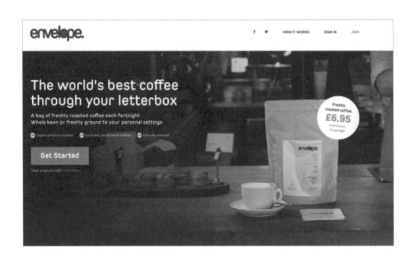

탄생했다. 그리고 얼마 안 돼 충성스러운 고객층까지 생겼다. 좋은 물건은 스스로 빛을 발하는 법이다. 게다가 커피는 중독성이 강한 식품이라 한 번 마음에 드는 커피를 찾으면 계속 마시게 된다.

커피 프로젝트에 대한 뜨거운 열정을 주체하지 못한 우리는 몇 주 만에 원두를 발굴하러 콜롬비아행 비행기에 올랐다. 이때 콜롬비아 원두에 대한 짤막한 영상을 제작하기 위해 덴마크인 친구이자 사진작가 겸 영화감독인 니크 레윈Nick Levin을 데려갔다. 콜롬비아의 커피 농가에서는 세계 최고 수준의 커피를 재배하고 있었고 농민들의 자부심도 넘쳤다. 대도시인 보고타에서 하루를 묵고 농촌으로 이동해 콜롬비아 최고의 커피 전문가인 후안 파블로Juan Pablo와 잠시 이야기를 나눴다. 그는 매일 600잔 이상의 커피를 시음한다고 했다!

작은 로스터에 로스팅할 원두 샘플을 기다리는 동안 파블로에게 쉴 때는 무슨 음료를 마시는지 장난삼아 물었다.

"당연히 커피죠."

파블로가 약간 멍한 상태로 대답했다. 일하지 않을 때조차 커피를 열여섯 잔씩 마신다고 했다. 하루에 잠은 두 시간 정도 자고 깨어 있는 시간에는 온통 커피 생각뿐이라고 털어놨다. 정말이지 에너지가 충만한 사람이었다. 파블로의 사무실에서 우리는 콜롬비아 전역에서 재배한 최상의 커피를 100종류 이상 시음했다. 그중에서 특히 마음에 드는 원두가 있었는데 우리가 찾고 있던 바로 그 맛이었다. 우리는 농민들을 만나서 중간상 없이 직접 원두를 거래하는 제안을 하자고 결정했다. 너무나 간단한 아이디어였다.

문제는 우리가 끔찍한 이야기가 난무하는 낯선 나라에 와 있다는 사실이었다. 비행기를 두 번 갈아타고 안데스 산맥에 도착해서 낭떠러지 위에 아슬아슬하게 난 도로를 따라 여덟 시간을 달렸다. 이윽고 내 평생을 걸쳐 가장 아름다운 마을이 나타났다. 해발고도 1,200미터에 자리 잡은 작은 산골 마을이었다. 화산 지대의 비옥한 토양은 커피를 재배하기에 더없이 좋았다. 나무에서 떨어진 과실이 여기저기 널려 있었고 눈길이 닿는 모든 곳에 커피나무가 있었다. 바로 그곳이 커피 천국이었다.

마을 주민은 1,000명 남짓이었는데 거의 모두 커피에 생계가 달려 있는 사람들이었다. 그들은 우리를 크게 반겼다. 비교적 최근까지도 이 마을은 지역에 만연해 있던 코카인 재배, 밀수, 게릴라 활동 때문에 우리 같은 해외 커피 바이어들이 찾기에 안전한 곳이 아니었다. 하지만 지금은 외지인이 안전하게 둘러볼 수 있는 지역으로 탈바꿈했고 농민들도 자랑스레 농지를 구경시켜줬다. 그중에서 특히 마음에 드는 농가가 있었다. 나무의 관리 상태가 훌륭했고 그늘이 잘 들었으며 농가의 식구들도 친절했다. 우리는 거기서 며칠을 머물면서 현지 음식을 양껏 즐겼다. 기니피그 바비큐는 정중히 사양했지만.

우리는 구매한 원두를 로스팅하기 위해 스코틀랜드로 보냈다. 세계 최고의 원두를 직접 발굴해 구매했을 뿐 아니라 판매 농가와 재배지역에 대한 멋진 이야기까지 덤으로 얻었다. 우리 홈페이지의 가입자는 불과 몇 달 만에 1만 명을 돌파했다. 콜롬비아산 커피에 대한 반응도 뜨거웠다. 그러자 규모가 더 큰 경쟁업체가 엔벨롭 커피에 관심을 보이더니 인수 의향을 밝혔다. 마침 인수 제안이 왔을 때 나는 슈퍼잼 외에 또 다른 프로젝트까지 병행하느라 눈코 뜰 새 없이 바빴다. 엔벨롭 커피는 부업 삼아 하는 사업이었을 뿐 '진정한 기업'으로 발전시키는 데 필요한 시간을 충분히 투입하지 못하는 상황이었기 때문에 지분 매각이 최선으로 다가왔다. 매각을 선택했어도 굉장한 제품을 만들었다는 자부심에는 변함이 없었다.

그때도 지금도 아이디어에 집중하는 태도가 중요하다는 걸 잘 알고 있다. 기업가들이란 최근에 떠오른 번뜩이는 아이디어에 정신이 팔려 잡동사니 수집가처럼 되기 십상이다. 궤도에 오를 때까지는 한 번에 하나씩 몰입해야 한다.

엔벨롭 커피의 창업은 친구와 맥주를 마시며 아이디어를 나눈 순간부터 고객들에게 훌륭한 제품을 안겨주기까지 걸린 시간이 무척 짧았다는 사실이 인상적이었다. 일사천리로 일을 진행하면서도 무척 잘해냈다. 우리 홈페이지를 와본 사람들은 우리 회사가 생긴 지 몇 주 밖에 안 된 신생 기업이라고 생각하지 못했을 것이다. 홈페이지에 올라온 사진이며 포장이 여느 경쟁사 못지않게 훌륭했고, 무엇보다 커피 맛이 으뜸이었다.

세 번째 성공, 비어52

엔벨롭처럼 내가 발을 담갔던 사업으로 비어52 Beer52라는 크래프트 비어(개인이나 소규모 양조장이 자체 개발한 제조법으로 만든 수제 맥주—옮긴이) 클럽이 있다. 사업 파트너인 제임스 브라운 James Brown은 언젠가 아버지와 오토바이로 유럽을 여행할 때 중간중간 크래프트 맥주 바와 양조장에 멈춰 서서 목을 축였다. 이렇게 쓰고 보니 브라운 부자가 음주운전을 했다고 폭로하는 듯하나 그들은 절대 음주운전을 하지 않았음을 밝힌다!

유럽 여행으로 크래프트 비어 애호가가 된 제임스는 스코틀랜드에 돌아와서 여행 중에 발견한 맥주와 양조장을 조사했다. 인터넷 검색으로 전 세계에 소형 양조장이 무려 1만 4,000곳에 달한다는 사실도 파악했다. 매주 양조장이 한 곳씩 새로 문을 여는 셈이었다. 세계 곳곳에서 크래프트 비어의 성공은 흔한 트렌드로 자리 잡았다.

그런데 수많은 양조장 가운데 어느 곳의 맥주가 가장 맛있는지 알 방법은 없을까? 대부분의 양조장이 자기 지역에서 소량만 판매하는 실정이다. 제임스는 사람들에게 훌륭한 맥주를 발견할 수 있는 길을 마련해주고 양조 회사에는 구매자의 저변을 넓혀주는 방안을 찾아보기로 했다. 우리는 만나서 몇 가지 아이디어를 짰다. 일종의 시음 클럽을 만들어볼까? 양조장을 클럽에 등록해서 샘플을 받은 후 수백 종류의 맥주 중에 최고를 가려보자는 아이디어였다. 최고로 손꼽힌 맥주를 제조한 양조장에는 클럽 회원들에게 보낼 맥주를 대량으로 주문한다. 신나는 사업이 될 것 같다!

비어52는 이런 아이디어에서 출발했다. 전 세계 크래프트 비어 가운데 '이달의 맥주'를 선정하고 우리가 직접 구성한 맥주 세트를 회원들의 집 앞에 배달하자는 아이디어다. 우리 클럽에 매달 회비를 내는 회원에게는 맥주 시음기, 내용물 함유량 등 모든 정보를 제공한다.

인터넷에서 맥주를 판매하다

사실 우리 가운데 누구도 완전히 회원제로 운영되는 웹사이트를 제작하는 방법을 알지 못했다. 그런데 전혀 알 필요가 없었다. 쇼피파이Shopify라는 서비스를 활용해 간단하게 홈페이지를 만들 수 있었기 때문이다. 시중에 비슷한 서비스가 상당히 많으니 본인에게 적합한 서비

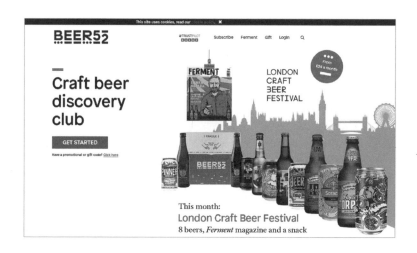

스를 고르면 된다(국내에는 윅스wix에서 무료로 홈페이지를 만드는 서비스를, 식스샵sixshop에서 쇼핑몰을 만드는 서비스를 제공받을 수 있다.—감수자).

프리랜서 디자이너에게 로고 제작을 의뢰한 뒤 내가 원하는 맥주 상자 디자인의 실물 모형을 제작했다. 홈페이지에 들어갈 사진을 촬영할 작가도 섭외했다. 머릿속 아이디어가 순식간에 탄탄한 브랜드의 분위기를 풍기는 홈페이지로 탈바꿈했다.

기초작업을 마친 뒤 양조장에 전화해 고객들에게 배달할 맥주를 100병 정도 제공할 수 있는지 물었다. 그런데 거의 대부분 답신조차 주지 않았다. 양조장 입장에서 100병은 충분한 주문 단위가 아니었던 것이다. 그래서 다른 각도에서 문제를 접근하기로 했다. 양조장에 다시 전화를 걸어 1,000병을 무상으로 제공하면 크래프트 비어 애호가들에게 전달하겠다고 설명했다. 양조장 측은 1,000병은 보내볼 만하다며 참여 의사를 밝혔다.

며칠 만에 맥주 샘플이 도착했다. 우리는 출시용 상자에 구성할 맥주를 고르느라 고민하고 또 고민했다. 맥주 저장, 주문 확인, 포장, 배달은 전 과정을 일괄적으로 처리하는 고객주문 처리fullfillment 센터를 활용하기로 했다(국내에선 마이창고mychango.com에서 해당서비스를 제공받을 수 있다.―감수자). 센터에서는 출고되는 맥주 한 병마다 정해진 수수료를 부과하는 방식이었다.

우리는 과감하게 출시용 제품으로 1,500상자를 준비했다. 회원제 사업이 굴러가려면 회원 수가 일정 수준 이상이 돼야 한다. 처음 가입한 사람들 가운데 일부만이 충성스러운 고객으로 남기 때문이다. 일정 수준의 회원을 확보하기 위해서는 단순히 거리에서 유인물을 나눠주는 홍보로는 턱없이 부족하다. 첫 달에 가입자 1,500명을 유치하려면 보다 과감하고 색다른 전략을 써야만 했다. 그래서 우리는 그루폰Groupon을 활용해보기로 했다(국내 소셜커머스 업체로는 쿠팡coupang, 티켓몬스터ticketmonster, 위메프wemakeprice, 네이버스토어팜 등이 있다.―감수자).

일반적으로 사람들은 막 사업을 시작했는데 소셜커머스를 활용한다는 말을 들으면 자폭하는 길이라고 여긴다. 소셜커머스는 대형 브랜드가 임종을 맞는 장소이지 탄생할 장소는 아니라고 생각하는 것이다. 하지만 사업 첫날부터 수백만 명에게 이메일을 보내는 데 소셜커머스만한 대안도 없다. 우리는 가급적 많은 사람들이 구매해주기를 바라는 마음에 첫 제품을 정가인 24파운드(약 3만 6,000원)에서 대폭 할인한 9파운드(약 1만 3,000원)에 내놨다. 제품이 훌륭하다는 전제하에 특가에 구입한 고객이라는 생각이 들게 만들고, 그 후 매달 정가를 지불하는 회원으로 남기를 바랐다.

드디어 판매가 시작됐다. 와우, 불과 40분 만에 매진이었다! 우리도 뛸 듯이 기뻤지만 그루폰 관계자들도 무척 고무됐다. 이전에 맥주를 판매해본 적이 없었던 그루폰 관계자들은 이번 사례로 새 영역을 개척한 셈이었다. 이제는 창고에 주문을 보내 물건을 배송시켜야 한다.

그런데 일이 생각만큼 간단하지 않았다. 우리는 병맥주를 배송한 경험이 전혀 없는 데다 포장을 꼼꼼하게 시험해보지도 않고 섣불리 물건부터 내놨다. 며칠 지나지 않아 불만 사례가 수백 건이나 접수됐다. 맥주병이 깨진 채 배송됐다는 내용이 불만의 3분의 1에 달했다. 브랜드를 세상에 알리기에 이상적인 방법은 절대 아니었다.

결국 우리는 파손된 맥주를 전부 교환해주고 환불까지 진행했다. 당시 우리가 적극적으로 문제를 개선한 데 감동을 받은 많은 고객들이 지금도 클럽 회원으로 남아 있다. 우리는 지속적으로 포장을 개선했고 클럽 회원 수는 10만 명을 넘어섰다. 그동안 판매한 맥주는 수백만 병에 달하며 전 세계에서 가장 진취적으로 손꼽히는 양조장 수백 곳과도 일했다. 우리가 발행하는 잡지 《퍼먼트》Ferment는 영국에서 발행되는 크래프트 비어 잡지 가운데 최대 부수를 자랑한다. 심지어 해외 진출에 필요한 자금도 유치했다.

이 사업이 주효한 비결은 아이디어를 곧장 실행에 옮긴 것이다. 완벽한 계획이 나올 때까지 허송세월을 보내는 대신 즉시 양조장에 전화를 해 아이디어를 설명했다. 상대방이 시큰둥한 반응을 보일 때는 서슴없이 수정했다.

처음부터 과정이 순탄치는 않았지만 고객수가 하루 만에 1,000명으로 늘었다. 우리는 사업 규모가 커져도 처음과 같은 원칙을 계속 적용했다. 아이디어를 초단기간에 극히 적은 예산으로 끊임없이 시험해보고 효과가 좋으면 규모를 키웠다. 반대로 신통치 않으면 미련 없이 접고 다른 아이디어로 옮겨갔다.

인간의 행동

비어52의 성공에는 인간의 속성에 딱 맞는 사업 모델을 활용했다는 사실도 한몫했다. 당장 나조차 일단 정기 배송을 신청하면 받는 물건에 싫증이 나지 않는 한 서비스를 유지하는 편이다.

회원들이 매달 홈페이지에 들어와서 주문을 해야 한다면 정기 배송 형태로 받을 때보다 평균 주문량이 적을 것이다. 나처럼 게을러서일 수도 있지만 한편으로는 자신이 좋아하는 물건, 특히 맥주처럼 소비가 쉬운 제품은 정기적으로 공급받는 것이 편리한 방법이다.

비어52의 회원들은 고객 평생 가치lifetime value(고객이 일회적 소비가 아니라 평생에 걸쳐 주기적으로 소비한다는 가정하에 측정한 고객 가치―옮긴이)가 높은 편이다. 대부분 한 상자에 만족하지 않고 대량으로 정기 배송을 신청하기 때문이다. 덕분에 우리는 최초 가입자를 유치하는 마케팅에 집중적으로 투자할 수 있었다.

당신 혼자만의 생각이 아니다

비어52의 창업을 통해 우리는 맥주를 마시며 논의한 아이디어를 충분히 사업으로 발전시킬 수 있음을 깨달았다. 게다가 전 세계인이 들어와서 보도록 기억하기 쉬운 도메인 이름에 믿을 만한 웹사이트까지 갖췄다. 우리는 초단기간에 일을 완수했는데 만약 서두르지 않았다면 경쟁사가 잽싸게 치고 나갈 가능성이 충분했다.

새로운 아이디어를 구상할 때마다 또 다른 누군가가 나와 같은 일을 하고 있음을 숱하게 경험했다. 완벽하게 독창적이라고 생각한 아이디어도 예외는 아니었다. 이 세상 어딘가에 나와 같은 기사를 읽고, 관심사가 같으며 문제를 해결할 방법을 궁리하는 누군가가 존재하는 것이다. 이 때문에 판박이라고 해도 좋을 만한 제품이 거의 비슷한 시기에 시장에 등장하는 경우가 종종 있다. 때로는 빠른 추종자fast follower 가 신속하게 모방해서 벌어지는 일이기도 하지만 대부분은 동시발명 simultaneous invention 현상에 기인한다. 내가 추진했던 맥주 클럽, 커피 클럽, 슈퍼잼 브랜드로 소매업체에 제안했던 수많은 신제품 아이디어만 봐도 거의 같은 시점에 같은 개념의 제품을 만든 경쟁자들이 있었다. 크래프트 비어 클럽은 몇 년 전만 해도 아예 존재하지 않았지만 최근에는 영국에만 열 곳이 넘는다. 창업시기도 비슷하게 몰려 있다. 현재로서는 비어52의 규모가 가장 크지만 뒤를 바짝 쫓고 있는 혜성 같은 업체들이 많다.

이런 환경에서 취할 수 있는 방어 전략이란 다른 경쟁자들보다 한 발 앞서 움직이는 것뿐이다. 당신에게 어떤 아이디어가 있든 누군가가 이미 그 아이디어를 현실화시키고 있을 가능성이 아주 높다. 그러니 남들보다 먼저 시작해서 유리한 고지를 선점하는 행위 자체가 성공이냐 실패냐를 결정지을 수도 있다. 몇 달 동안 아이디어를 붙들고 계획만 세우다가 먼저 행동에 나선 사람에게 성공을 양보한다면 얼마나 어리석은 짓인가.

주말 이틀이면 충분하다

슈퍼잼을 창업하는 과정에는 유난히 곡절이 많았다. 막다른 골목에 몰려 포기할까 생각한 적도 수없이 많았다. 엔벨롭 커피와 비어52를 창업할 때도 학습곡선learning curve이 무척 가팔랐다. 인터넷에서 물건을 팔고 인터넷 사업을 창업하는 데 배경지식이 없었던 탓이다.

그런데 회사를 만들 때 걸리는 시간은 점점 단축됐다. 팔고자 하는 물건의 종류가 완전히 다르더라도 기업 설립에 필요한 대부분의 과정이 거의 같기 때문이다. 시행착오를 직접 겪어보니 '성공할 만한 제품을 고안해서 시장에 선보이기까지의 긴 과정을 최대한 단축시킬 수 없을까' 궁금해졌다. 말 그대로 '0'에서 시작해서 계산대에 돈이 들어오는 단계까지 이틀 만에 빛의 속도로 해치울 수 있을지 시험하고 싶었다. 슈퍼잼을 비롯한 여러 기업을 창업하고 성장시키는 과정에서 온갖 실수를 저질러봤기 때문에 보다 손쉽게 일하는 방법이 분명히 있으리라는 생각이 들었다. 지난 10년 동안 나는 제조를 아웃소싱하는 방법, 멋진 디자인을 얻는 방법, 고객 서비스를 처리하는 방법, 사진 촬영 일정을 잡는 방법 등 창업에 필요한 모든 지식을 습득했다. 전부 사전 지식 없이 오로지 시행착오로 파악한 것이다.

돈 없이도 사업한다

창업에는 돈이 어마어마하게 많이 들어갈 수도 있다. 남들이 다 하는 방식대로 사업을 추진하면 그럴 수밖에 없다. 1만 파운드(약 1,500만 원) 예산으로 디자이너와 변호사, 회계사의 인건비부터 저장비용, 인쇄비용, 홈페이지 개발비용, 도메인 이름과 사무실 공간 임대료를 모두 감당했다면 깜짝 놀랄 것이다. 게다가 이런 지출은 계산대에 땡전 한 푼도 들어오기 전에 지출되는 돈이다. 사업 아이디어가 신통치 않은 것으로 드러나기라도 한다면 투자한 자금은 공중으로 날아가고 만다.

이 때문에 나는 '사업을 보다 현명하게 시행할 방법은 없을까, 창업에 드는 일반적인 비용을 거의 지출하지 않는 방법은 없을까' 하고 고민했다. 그럴 수만 있다면 사업이 생각처럼 되지 않더라도 타격이 적을 것이다. 아이디어가 실패한 후 얻은 교훈을 되새기면서 계획 단계로 되돌아가면 그만이다.

계획상으로는 아이디어를 시장에 내놓기까지 몇백 파운드 정도만 투자했으면 하고 바랐다. 수중에 자본이 없어서가 아니라 그런 일이 가능함을 입증하고 싶었기 때문이다. 그렇게 적은 돈으로 사업을 시작할 수 있다면 또 다른 누군가도 나와 같이 해낼 수 있지 않겠는가?

창업 바라기들이 당장 사업을 시작하지 않는 이유로 '자본 부족'을 탓하는 경우가 많다. 이들은 사무실 임대료, 브랜드 작업을 맡길 세계 정상급의 디자인 에이전시, 각종 방법으로 방문자를 끌어들이는 홈페이지 제작비용 등 사업을 시작하는 데 필요하다고 생각하는 목록을 길게 작성한다. 그러나 단순히 물건을 시장에 내놓는 데 이런 자원을 전부 동원할 필요는 없다.

48시간 창업 프로젝트

고군분투하며 48시간 안에 창업하고 최소 예산으로 홈페이지를 만들어보기로 했지만 디자인은 탁월하고 전문적이어야 한다는 부분만큼은 포기할 수 없었다. 무엇보다 제품도 사람들이 사고 싶은 마음이 들 정도로 좋아야 한다. 다시 말해 디자인과 품질 면에서 제품은 어느 선 이상을 반드시 충족해야 한다. 또한 사업을 시작하는 일은 힘이 들더라도 신이 나야 한다. 그렇지 않다면 왜 그 일을 하는가? 자신이 즐기며 하는 일이 아니라면 첫 번째 장애물을 만나자마자 포기할 가능성이 높다.

나는 이미 수십만 명이 아껴준 제품을 선보인 경험이 있었다. 그 때문에 새로운 사업에서도 감탄사를 자아내는 물건을 만들고 싶었다. 그렇지 않으면 가수들이 '2집 앨범 증후군'the dreaded second album이라고 부르는 상황을 맞을 것이다. 동료들은 내가 어떤 사업을 시작할지 지켜보고 있는데 그 기대에 부응하지 못한다면 썩 보기 좋은 상황은 아니다. 여러분들도 친구들에게 자랑스럽게 보여줄 수 있도록 사업이 성공하기를 원할 것이다.

나는 창업 이후 수개월, 수년 동안 투입을 최소한으로 유지할 수 있는 사업 모델을 만드는 데 중점을 뒀다. 기존의 사업에도 계속 시간을 들여야 하기 때문이다. 이 때문에 사업을 아웃소싱하고 간소화하며 자동화할 방법을 찾아야 했다. 내가 따로 조치를 취하지 않아도 고객의 주문에 따라 전체 과정이 원활하게 돌아가야 했다. 인터넷으로 주문이 들어오면 외부의 창고로 주문이 전달돼 물건이 포장되고 택배회사가 고객에게 배달하는 시스템이다.

또한 값비싼 디자인 에이전시를 쓰는 대신 적은 보수로도 브랜드와 광고를 제작해줄 의향이 있는 프리랜서를 온라인에서 찾았다. 구글 애드워즈Google Adwords(구글에서 제작한 셀프서비스 광고 프로그램으로 여기에 가입하면 구글 웹사이트와 애드센스에 가입한 웹사이트에 광고를 넣을 수 있다)처럼 측정 가능한 도구를 활용하면 적은 예산으로도 신생 기업을 홍보할 수 있었다. 마케팅에 비용을 지출할 때마다 신규 고객이 '구매' 버튼을 누른다는 사실을 알 수 있다. 별도의 부지나 직원을 두지 않으면서도 측정가능하고 자동화된 마케팅 형태만 활용하는 '가상의' 사업 모델은 확장 가능성이 엄청나게 크다. 내가 사업에 시간을 얼마나 투입할 수 있는가와 상관없이 규모가 커질 수 있다.

아이디어가 처음부터 완벽해야만 한다고 생각하는 사람들이 많다. 하지만 나는 '적당히 괜찮은 단순한 아이디어'를 일단 실행에 옮기고 상황에 따라 변화와 개선을 시도하는 편이 옳다고 믿는 사람이다. 딱 맞는 이름을 만들기 위해 몇 주를 허비하기보다는 몇 분 안에 떠오르는 이름 가운데 하나를 고르라. 수만 달러를 들여 예술 작품에 가까운 브랜드를 만들지 말고, 시작 단계이므로 수백 달러 정도만 지출해서 몇몇 고객을 유치하겠다는 목표를 세워보라. 브랜드 개선은 나중에 형편이 나아졌을 때 해도 늦지 않다.

새로운 시대에는 새로운 방법으로

우리는 새로운 기업가정신이 형성되는 여명기에 살고 있다. 정말로 멋진 일이다. 과거에는 사업을 시작하는 데 자본도 많이 들고 시간도 오래 걸렸다. 그런데 인터넷이 출현하고 관련된 기술이 발전하면서 누구나 집에서 거의 돈 한 푼 들이지 않고도 하루아침에 세계적인 기업과 경쟁할 기업을 단기간에 세울 수 있다.

아이디어와 의지만 있으면 누구나 창업을 시도할 수 있는 세상이다. 매주 수천 명이 자기 집에서 편안하게 사업을 시작하니 가히 혁명이라 부를 만하다. 게다가 창업자들은 자신이 즐기는 일을 하면서 돈까지 버는 행운을 누리고 있다. 불과 몇 년 전만 해도 상상조차 하지 못했을 일이다. 더구나 클릭만으로 프리랜서, 제품, 고객을 찾게 해주는 온라인 툴과 장터 덕분에 창업 비용은 거의 바닥까지 떨어졌다.

쇼피파이 같은 서비스를 이용하면 선결제 없이 매월 약간의 수수료를 제하는 방식으로 몇 시간 안에 전문가가 디자인한 듯한 홈페이지를 만들 수 있다. 오데스크_{oDesk}에서 이름을 바꾼 업워크_{Upwork}를 비롯해 여러 사이트를 활용하면 프리랜서 디자이너, 작가, 마케터, 개발자를 구할 수도 있다(위시켓_{wishket}과 라우드소싱_{loud} 사이트를 이용하면 된다.─감수자). 도심에 위치한 호화로운 사무실을 자랑하는 값비싼 에이전시를 거칠 필요가 전혀 없는 것이다. 무_{Moo}는 인터넷에서 디자인한 자료를 바로 그날 출력하는 서비스를 제공한다(칸바_{canva.com}를 이용하거나 포털 사이트에서 디지털 인쇄를 검색하면 다양한 업체를 찾을 수 있다.—감수자).

이런 툴을 활용하면 머릿속에 있는 아이디어를 며칠 안에 세상에 선보일 수 있다. 이제 시도조차 하지 않은 당신의 행동에 대한 변명거리가 사라졌다. 잃을 것이 없잖은가?

나만의 이유에서 시작하라

창업을 하는 이유는 제각각이다. 부자가 되려고 사업을 시작하는 사람들도 있을 텐데, 좋다. 나 같은 경우 완전 백지에서 출발해서 굉장한 결과를 창조한다는 성취감, 세상을 더 나은 곳으로 만든다는 자부심에 짜릿함을 느낀다. 내 손으로 만든 물건이 수십만 명에게 기쁨을 안겨줄 수도 있다. 사업을 통해 자신의 신념을 알릴 수도 있다. 동물권리의 보호에 앞장서는 바디샵The Body Shop처럼 포장이나 광고로 자기주장을 알리는 일도 가능하다. 사업을 바탕으로 관심 있는 자선단체의 모금을 도울 수 있으며, 제품을 윤리적인 방법으로 공급받을 수도 있다.

나는 창업으로 인생이 완전히 바뀌었다. 원하는 방식으로 살 수 있는 경제적인 자유를 얻었을 뿐 아니라 50개국 이상을 다니며 굉장한 모험까지 했다. 그토록 싫어하는 일을 매일 견디고 있는 친구들과 다른 삶을 보낼 수 있는 건 정말 감사한 일이다.

금전적인 보상과 재미는 차치하고 할머니의 부엌에서 만든 잼 몇 병이 슈퍼마켓 진열대의 수천 병으로 성장하는 과정을 보면서 얼마나 행복했는지 모른다. 지금도 대형 슈퍼마켓에서 내가 만든 잼을 발견하면 입가에 미소가 절로 생긴다. 특히 외국 슈퍼마켓에서 슈퍼잼을 발견했을 때의 기쁨이란! 무슨 이유로 창업을 결심했든 앞으로 헤쳐 나갈 모험과 성공, 세상에 미치는 영향은 종이 한 장에 담긴 작은 아이디어에서 출발한다. 정말 멋진 일이다.

온전히 집중하라

우리는 그 어느 때보다도 분주하게 살고 있다. 사람들은 하루에 페이스북Facebook을 평균 스무 번 이상 확인한다. 텔레비전, 라디오, 신문, 광고판, 트윗, 사진, 유튜브 동영상, 밈meme, 포스퀘어FourSquare, 문자 메시지, 전화통화, 스카이프Skype, 모바일 메신저, 이메일, 옛날식 편지 등을 통해 온종일 정보를 얻는다. 그 후 남는 시간에는 직접 부대끼며 살고, 일하고, 사랑하는 사람들과 대화를 나눈다.

이 과정에서 우리는 잠시 멈춰서서 한 번에 한 가지 일을 깊이 생각하는 능력을 잃어버린 것은 아닐까. 온갖 곳에서 수백 가지 아이디어가 쏟아져 들어오니, 각각의 아이디어를 곰곰이 따지는 대신 그저 내게 맞는 것을 취하고 나머지는 버린다. 우리는 뇌에 과부하가 걸릴 정도로 많은 정보에 빠져 있으며 더 이상 스스로 사고하지 않는다.

아무도 오늘을, 지금 이 시간을 살고 싶어 하지 않는 듯하다. 아무도 전화를 걸어 "지금 뭐해? 커피 한 잔 어때?"라고 묻지 않는다. 24시간 바쁘게 돌아가는 사회에서는 이상하게 들리는 제안이다. 우리 모두는 계획 세우기에 대한 환상에 빠져 있다. 지금 당장은 모두가 바쁘고 이미 할 일이 잡혀 있다. 약속도 차 있다. 내일도 선약이 있기 때문에 다음 주까지 기다리는 수밖에 없다.

또 우리는 수백 군데의 정보를 계속 훑어보면서 무슨 일이든 일어나기를, 삶에 변화가 있기를, 꿈이 현실로 이뤄지는 행운이 일어나기를 기다리고만 있다. 일터에서는 오늘 한 일이 뭔지 흐릿한 상황에서 일과를 마친다. 컴퓨터 앞에 열 시간 동안 앉아 있다가 퇴근하면서 무거운 마음으로 "오늘 대체 뭐했지?"라고 자문한 적이 있는가? 우리는 한 번에 하나의 일에 에너지를 집중하는 능력을 완전히 상실했다. 하루에 괜찮은 일 하나를 파고드는 대신 수백 가지 아이디어, 수백 가지 업무의 겉만 핥는다. 무슨 일이라도 선택해서 최선을 다하는 것도 아니고 온전히 성취하지도 않는다.

그 무엇에도 전념하지 않기에 매 순간 인생을 진실하게 사는 대신 그저 기다리며 흘려보낸다. 이 사실이 더 나쁘다. 저녁 파티에 가서도 다른 곳에서 무슨 일이 벌어지는지 궁금한 마음에 5분에 한 번씩 휴대전화를 들여다본다. 그 순간에 집중하고, 하고 있는 일을 즐긴다면 인생을 보다 충만하고 신나게 살 수 있다.

한 번에 하나의 일에 온전히 집중하면 정말 놀라운 일이 일어난다. 집중하는 대상이 지금 나누고 있는 대화든, 실현 중인 아이디어든, 사랑하는 사람과 보내는 시간이든, 매 순간 온 힘을 다하면 그때그때 상황을 최대한 활용하고 자신에게도 최선을 다할 수 있다.

관심을 기울일 선택지가 지나치게 많으면 결국 산만해진다. 사실은 아무것도 하고 있지 않는 일을 수없이 하고 있다. 결단을 내리고 한 가지에 전념하기까지 발걸음을 떼기는 어찌나 힘든지. 무한한 선택지는 우리의 정신을 마비시키는 효과가 있다. 하나를 고르는 것보다 차라리 아무것도 하지 않는 편이 훨씬 쉽다. 이 때문에 사람들은 일을 끝맺는 경우가 거의 없고 진정한 성취감을 느끼지도 못한다. 글로벌화, 디지털화된 세상이 선사하는 무한한 선택지에 마비된 사람들을 무수히 만난다. 그들은 정작 자기 인생에 대해서는 아무 생각이 없었다.

자기 인생을 둘러싼 결정이 자의와 상관없이 이미 정해져 있던 시절이 있었다. 그때 사람들은 동네 방앗간이나 공장에서 일하면서 부모님, 주변의 다른 어른들과 똑같이 살아야 했다. 하지만 지금은 인생의 중대사가 오직 자기 손에 달려 있는 시대다. 이 책에서는 48시간 동안 완전히 몰입하면 어떤 일이 일어날 수 있는지 보여주고자 한다. 이틀 동안이라도 단순한 아이디어에 모든 에너지를 쏟아부으면 놀라울 만큼 다양한 분야를 다룰 수 있다. 인생을 끊임없이 방해하는 전화와 페이스북 업데이트에 잠시 눈감으면 주변 사람들과 보다 큰 의미를 갖는 여러 경험을 나눌 수 있다.

어떻게 보면 이 책은 '집중하기 실험'이다. 단순하면서도 분명히 정의된 목표에 온 에너지를 집중해보라. 몇 년은 걸려야 가능하겠다고 생각했던 일을 불과 며칠 안에 이룰 수 있다. 반대로 으레 그렇듯 현대인들의 일상을 점령한 훼방꾼을 방치하면 창업에 몇 년은 족히 걸릴 것이다.

좋아하는 일을 하면서 돈 버는 법

피자 필그림

피자를 좋아하지 않는 사람은 거의 없다. 어쩌면 피자를 팔아 생활하는 것은 많은 사람들의 꿈일지도 모른다. 하지만 전 세계에 피자 전문점처럼 그 수가 많은 음식점도 없기 때문에 그렇지 않아도 포화상태인 피자 시장에 매장 하나를 보태려면 용기가 필요하다.

불굴의 의지로 무장한 제임스 엘리엇James Elliot과 톰 엘리엇Thom Elliot 형제는 낡은 에이프Ape 밴을 사서 이탈리아를 '피자 순례'한 뒤 런던으로 돌아오기로 했다. 두 사람은 순례길에서 자신들의 피자 레스토랑에 쓸 레시피와 영감을 얻고 돌아왔다. 그로부터 7년이 흐른 지금, 형제는 런던에서 애호가들을 거느린 소규모 피자 체인 피자 필그림Pizza Pilgrims을 경영하고 있다.

이 여행은 낭만적인 추억이며 두 사람은 결국 자신들이 좋아하는 피자를 본업으로 삼았다. 하지만 내 경험상 창업은, 특히 음식점을 여는 일은 그다지 낭만적이지도, 재미있지도 않다. 최근 내가 진행하는 팟캐스트 쇼에서 두 사람을 만났다. 그들은 친구들과 나눈 대화를 소개해줬다. 이제 30대이며 회사원인 친구들은 지루한 일상에서 헤어 나오지 못하고 있다고 했다.

"20대에 자신이 좋아하는 멋진 일을 찾는 것이 중요합니다."

그렇다고 창업을 하면 디즈니 영화처럼 하루하루가 놀라움의 연속이라거나 아침에 직장에 가지 않아도 된다는 것은 아니라고 했다. 그런 말로 자신을 속여서는 안 된다고도 경고했다. 다만 매일이 똑같지 않으리라는 점은 자신할 수 있다고 했다. 오늘 날이 궂었다고 내일도 그러리란 법은 없다.

"편안하게 살기 위해서, 아니면 날마다 최고의 날이 펼쳐질 것 같다는 생각에 창업을 하면 안 됩니다."

두 사람은 기업 경영에 정답이 없고 경영자가 스스로의 생활방식을 통제할 수 있다는 점에서 창업에 매력을 느꼈다고 말했다.

"대기업 근무는 마치 감정에 보조 바퀴를 단 것과 같아요. 최고로 좋은 날도, 최악으로 나쁜 날도 없이 그냥 좋거나 나쁘거나 하죠. 그런데 자기 사업을 하면 최고로 좋은 날에는 〈쇼생크 탈출〉에서 온몸으로 소나기를 맞는 장면과 같은 환희를 느낍니다. 최악인 날에는 정말로 삶이 고되고요."

이처럼 격한 감정의 파고를 같이할 사업 파트너가 있으면 도움이 되는지 물었다. 두 사람은 당연하다고 답했다.

"사업 파트너가 있으면 좋은 일에는 기쁨이 두 배가 되고 나쁜 일이 생겨도 함께 헤쳐갈 수 있다는 사실을 깨달았죠."

제2장

아이디어 찾기

창조보다 재발견이
답이다

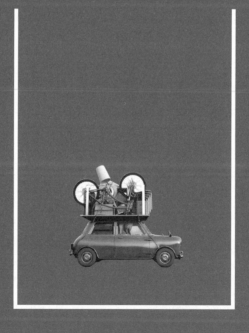

'어떻게 하면 좋은 아이디어를 낼 수 있을까? 좋은 아이디어란 이미 세상에 다 나오지 않았을까?'

무릇 모든 사업은 하나의 아이디어에서 출발한다. 그러므로 '48시간 스타트업'의 첫 단계도 아이디어 발굴에서 시작된다. 보통 이 단계에서 많은 사람들이 꿈꾸고 계획하기를 끝없이 되풀이하는 거대한 블랙홀에 빠진다. 아이디어를 전혀 내지 못하는 사람들이 있는 반면 아이디어가 넘쳐서 주체하지 못하는 사람들도 있다.

나는 종종 찰스 듀엘Charles H. Duell의 말을 인용하곤 한다. 1899년, 미국의 특허청장으로 일하던 듀엘은 특허청이 오래가지 못하고 문을 닫을 날이 오리라고 경고했다. "발명될 수 있는 모든 것이 이미 발명됐다."는 선언과 함께. 그로부터 100년이 흐른 지금, 그의 경고는 웃음거리로 회자된다. 듀엘의 섣부른 경고 후 100년 동안 일어난 변화와 혁신을 떠올려보면 그는 대단한 오판을 한 셈이다. 그런데 재미있게도 듀엘과 같은 푸념이 이 시대에도 거의 날마다 들려온다.

창업 지원 TV프로그램인 〈드래곤스 덴〉Dragon's Den이나 이 프로그램의 미국판 〈샤크 탱크〉Shark Tank를 보면 좋은 아이디어란 이전까지 세상에 존재하지 않던 독창적인 그 무엇이라는 인상을 받기 십상이다. 프로그램에는 기이하고 희망에 잔뜩 부푼 발명가들이 여행 가방을 들고 등장한다. 가방을 열면 냉장고 밑을 청소하는 독특한 대걸레나 자동차 앞유리에 낀 성에를 순식간에 없애는 장치 같은 진기한 발명품이 나온다. 이런 구경거리가 프로그램에 재미를 더하기는 하지만 좋은 아이디어란 무엇인지 판단할 거리를 주지 않는다. 운 나쁜 출연자들이 "이제까지 개발된 적이 없다."며 발명품을 소개하는 말이 대부분 사실이기는 하다. 그런데 이제까지 그런 제품이 나오지 않은 데는 다 이유가 있지 않겠는가!

탁월하면서도 첨단인 아이디어도 많지만 직접 경험해보니 아이디어가 꼭 최첨단일 필요는 없다. 이미 존재하는 물건을 재창조해야만 훌륭한 아이디어인 것은 아니다. 오히려 잼이나 맥주, 커피처럼 평범한 제품에서 특별한 뭔가가 탄생하는 일도 충분히 가능하다.

하늘 아래 완전히 새로운 것은 없다

기업가정신을 다루는 텔레비전 프로그램을 보면 훌륭한 아이디어는 특허를 받아야 한다는 인상을 받는다. 기업인들은 아이디어 '보호'가 얼마나 중요한지 쉴 새 없이 떠든다.

"특허가 없으면 다른 사람이 아이디어를 낚아채고 맙니다!"

자신만만한 '드래곤들'(《드래곤스 덴》에서는 자수성가한 사업가인 드래곤이 출연자들의 사업 아이템을 듣고 투자를 결정한다.—옮긴이)은 준비가 부족한 기업가들을 떨어뜨리며 이렇게 외친다.

그런데 현실에서는 특허를 보유한 기업이 흔치 않다. 경쟁에서 특별한 보호를 받아야 할 만큼 혁신적인 아이디어가 아니기 때문이다. 아이디어의 독점사용권을 보유한 기업이 현실적으로 보호를 받지 못하기도 한다. 아이디어가 좋다 싶으면 경쟁사가 특허를 우회할 방법을 찾거나 오히려 더 나은 해결책을 만들기 때문이다.

여기에서 '아이디어가 독창적일 필요가 없다'고 말하면 기업마다 저마다의 '차별화 지점USP, unique selling point이 있어야 한다'는 기존의 비즈니스 진리를 정면으로 거스르는 셈이다. 다른 사람은 어떤지 모르겠지만 나는 경영학에서 차별화 지점이 마치 피할 수 없는 현실인양 주입하는 인상을 받았다. 기업은 오로지 '차별화되는' 일을 하기에 존재할 수 있다는 주장이다.

그런데 한 껍질 벗겨 분석해보면 그것이 얼마나 터무니없는 주장인

지금방 알 수 있다. 특권을 부여받은 정부의 일부 독점기관을 제외하면 차별화되는 사업이란 존재하지 않는다. 모든 기업은 박빙의 경쟁자와 손쉬운 대체재, 모방자, 아류와 싸운다. 차별화되는 일을 하더라도 다른 누군가의 혁신으로 차별성은 이내 퇴색된다. 이런 환경에서 어떻게 생존할 수 있을까?

기업의 성공은 차별화 여부에 달려 있지 않다. 그저 남들과 조금 다르거나, 낫거나, 싸거나 빠르면 성공한다. 최상의 비즈니스 모델도 성공으로 인도한다. 하지만 독창적인 스토리, 독창적인 브랜드야말로 성공의 열쇠다.

'100퍼센트 과일잼'이라는 아이디어는 처음 생각했을 당시에는 꽤 참신한 시도였지만 완전히 새로운 아이디어는 아니었다. 이후 수년 동안 많은 사람들이 모방도 했다. 하지만 내 이야기만은 누구도 따라할 수 없다. 어쩌면 "이봐요, 당신에겐 할머니와의 아기자기한 이야기가 있으니 그렇게 말하기 쉽겠죠."라고 핀잔을 줄지도 모른다. 그런데 이렇게 말하는 당사자도 분명히 멋진 이야기의 주인공일 것이다. 사업을 시작하기로 결심한 이유가 무엇인지, 자신은 어떤 사람인지, 어떤 신념이 있는지 생각해보라. 제품이 평범하거나 상품화가 충분히 이뤄졌더라도 자신이 남과 다른 사람이라는 단순한 사실만으로 기업이 차별화될 수 있다.

만약 우리 아버지가 일자리를 잃어서 중년에 집집마다 다니며 잼을 팔았다면 이 또한 하나의 이야기가 된다. 또한 할머니가 잼을 팔았다면 가장 멋진 이야기가 탄생할 것이다. 누구라도 자신의 브랜드를 특별하게 만들 특별한 이야기가 있을 것이다.

이제 완전히 다른 아이디어를 짜내야 한다는 압박에서 조금은 자유로워졌을 것이다. 아이디어는 독창성보다 진실함이 더 중요하다. 가슴에서 나와 열정을 불러일으키는 아이디어여야 한다. 이를 명심하면 세상은 기회가 가득한 곳으로 다가온다. 그리고 독창적이 되려는 시도를 하기 전에 무슨 아이디어라도 일단 행동으로 옮기라.

같은 문제, 다른 관점

여행은 일상 속의 흔한 아이템조차 색다르게 만들 기회를 준다. 나는 지난 몇 년 동안 운 좋게도 50개국 이상을 방문할 기회가 있었다. 어떤 때는 슈퍼잼 때문에, 또 어떤 때는 내 개인적인 모험 때문에 간 여행이었다. 여행지에 가보면 그동안 당연하다거나 필수라고 여겼던 많은 것들이 다른 나라 사람들에게는 개념조차 낯선 경우가 많다는 사실을 깨닫는다.

서구 사회에서 지극히 당연시되는 몇 가지 아이디어를 들어보자. 변기에는 시트와 변기 뚜껑, 물 내림 장치가 있어야 한다고 생각한다. 또 음식은 식탁에 앉아 나이프와 포크로 먹어야 한다고 가르친다. 그런데 대다수의 나라에서 이와 다른 접근방식을 취했다. 식사를 할 때

오른손을 사용하는 곳, 젓가락을 쓰는 곳, 숟가락과 포크를 사용하는 곳, 포크 하나만 쓰는 곳 등 저마다 제각각이었다. 변기를 어떻게 사용해야 하는지 감을 잡기 어려운 곳도 있었고 모양이 너무나 원시적이어서 과연 사용해야 하나 싶은 경우도 있었다. 이는 문화적으로 옳고 그름의 문제가 아니다. 일본에서는 서양식 변기가 야만적이라고 여기며, 인도에서는 왼손으로 음식을 만지면 불결하다고 생각한다. 당연하게 여기던 생활방식조차 의문시될 수 있음을 깨달으면 재창조하지 못할 대상이 없다는 생각이 들 것이다. 내가 하지 않으면 다른 사람이 그런 작업을 한다.

나는 미래의 인간이 100년을 거슬러 이 시대로 시간여행을 오는 공상에 잠기곤 한다. 탄산음료 캔의 따개 고리나 신발끈처럼 미래 인간에게도 익숙한 물건이 분명 있을 것이다. 반면 미래에는 당연시되는 많은 것들이 이곳에는 전혀 존재하지 않는다는 사실에 놀라워할 수도 있다. 현재와 미래의 차이는 새 아이디어와 제품을 발명하는 기업인들에게 달려 있으며 그들이 세상을 변화시킨다.

지금쯤 여러분도 세상은 기회로 가득 차 있는 곳이라고 확신하기를 바란다. 세상이 오늘날과 같이 된 이유는 누군가 그렇게 만들었기 때문이다. 여러분도 충분히 변화를 일으킬 수 있다. 여러분의 아이디어가 독창적이고 혁신적일 수도 있고, 아닐 수도 있다. 아무려면 어떠랴.

캘리포니아행 티켓을 끊어라

멋진 사업 아이디어를 발굴하러 여행을 떠날 계획이라면 기업가정신의 세계적인 중심지인 캘리포니아나 뉴욕행 비행기를 타야 성공 확률이 가장 높다. 미국 전역뿐 아니라 전 세계에서 사람들이 머릿속에는 아이디어를, 손에는 맥북MacBook을 들고 브루클린, 샌프란시스코로 몰려든다. 나 역시 미국에 갈 때마다 영국에서도 인기를 끌 만한 레스토랑 콘셉트나 식품, 앱 등을 발견하곤 했다. 유럽인들이 재빨리 차용해서 대륙판을 만들지 않으면 미국 스타트업이 대서양을 건너와 유럽을 정복할 것이다.

유럽에서 돌풍을 일으킨 기업의 사례를 보라. 건강함을 내세운 과일주스 회사인 이노센트 스무디Innocent Smoothies, 저가 항공사 라이언에어Ryanair, 차량 정비 체인업체 퀵핏Kwik-Fit, 크래프트 맥주 기업 브루독BrewDog 등은 적어도 일정 부분은 미국에서 영감을 받아 유럽에 옮겨놓은 경우다. 캘리포니아는 건강식, 크래프트 비어, 심지어 크래프트 커피의 유행을 선도하고 있다. 내가 벌였던 사업은 모두 캘리포니아의 유행에서 일부분이라도 영감을 받은 결과다. 문화와 역사적 배경이야 어떻든 미국은 이 시대의 위대한 기업가들을 여럿 배출했다. 미국인들은 실패에 대한 두려움도 없어 보이며 자신감을 갖고 태어나 세상에 나온 순간부터 성공을 향해 전력질주하는 것 같다.

어떤 사업을 하든 그 분야에서 일하는 미국인들의 블로그를 확인하고 미국인들과 대화도 나눠보라. 구할 수 있는 잡지도 구독하라. 목적의식을 뚜렷하게 세우고 고국으로 가지고 돌아갈 만한 좋은 아이디어를 찾아보라. 제품의 사업화를 구상하고 있다면 이미 미국인이 그런 제품을 수백만 개 팔아봤을 가능성이 높다. 홀로 아이디어를 짜내려고 노력하기보다는 무료 연구개발부로 수고해준 미국인들을 살펴보는 게 어떨까?

그 미국인들은 아이디어와 관련된 다양한 비즈니스 모델과 디자인을 테스트하며 몇 년을 투자했을 것이다. 지금 나와 있는 결과물은 상업적으로 성공하게끔 다듬어지고 정교화된 제품이다. 우리는 그들의 어깨 위에 올라서면 되는데 처음부터 모든 노력을 기울여야 할 이유가 있는가? 이미 인정받은 아이디어를 복제하는 걸 두려워하지 말라. 물론 자기만의 방식으로 모방해야겠지만 다른 사람이 만든 제품을 변형시키는 일을 창피하게 여길 필요가 없다. 클럽 DJ는 그런 일을 아예 직업으로 하는 사람들이 아닌가.

우선 2등이 돼라

이제까지 내가 사업과 관련해 들어본 최고의 조언은 퀵핏을 창업한 스코틀랜드 기업인 톰 파머Tom Farmer 의 말이다. 파머는 "우선, 2등이 돼라."는 신념의 소유자였다. 영감을 자기 나라에서 얻든 해외에서 얻든 빠른 추격자 전략은 효과가 좋다. 1980년대에는 시장에 처음 등장한 제품이 선도 기업의 지위를 보장받는다는 이른바 '선점효과' 또는 '승자 독식' 전략이 유행이었을지 모르나 과거의 일일 뿐이다.

선도 기업이 명성과 언론의 스포트라이트, 경쟁에 한발 앞서는 유리함 등 여러 이익을 누리기는 한다. 그러나 더 큰 그림을 보면 1등의 이면에는 그림자가 드리워져 있다. 전혀 검증되지 않은 새로운 아이디어는 막대한 위험에 직면하며 성공하는 경우도 극히 드물다. 연구 결과에 따르면 선도자의 절반 이상이 실패하며, 살아남더라도 겨우 생존하는 정도이거나 내리막길을 향한다. 반면 시장에서 2인자였던 기업은 살아남아 성공할 확률이 훨씬 높다. 셰인 스노 Shane Snow 는 명저 《스마트컷》Smartcuts에서 2등이 실패할 확률은 10퍼센트 이내라고 분석했다. 세상에, 두 번째로 출발하면 실패할 확률이 75퍼센트나 줄어드는 셈이다.

생각해보라. 선두 기업은 노다지를 찾기 위해 땅을 파면서 언덕으로 나아가는 개척정신의 소유자나 다름없다. 대부분은 허탕을 치고 일부만 금을 발견한다. 그렇게 금맥을 찾았더라도 기나긴 땅파기 작업에 지쳐 기력이 남아 있지 않은 상태다. 이 때문에 금이 발견됐다는 소식을 듣고 서둘러 삽을 들고 나타난 사람이 진정한 승자가 된다.

따라서 현실화되고 있는 새로운 아이디어를 신중하게 살펴보고 장단점을 따져보는 것이 현명한 태도다. 분석이 끝나면 가능한 빨리 나만의 모방작을 만든다. 3등이 치고 나오기 전에 2등으로 자리매김할 수 있다면 성공할 확률은 극대화된다.

아이디어에 가장 먼저 손을 댔던 사람들은 대박이 나기 직전 단계의 신통찮은 제품에 이미 돈과 에너지를 소진했을 것이다. 이때 두 번째 주자는 선발주자를 모방해서 처음부터 효과가 좋은 모델로 출발한다. 이는 마치 "다른 사람의 아이디어를 훔쳐라."는 말처럼 들린다. 그러나 하늘 아래 완전히 독창적인 아이디어란 존재하지 않는다. 원래 아이디어를 낸 사람들도 남들에게 영감을 받은 아이디어를 차용한 것에 불과하다. 물론 원작자들은 그렇게 생각하지 않겠지만 이는 사실이다.

누구를 모방할까

학창시절과 마찬가지로 모방할 대상을 제대로 골라야 효과가 좋다. 베끼는 사람이나 보여주는 사람이나 둘 다 틀렸다면 성공은 여전히 저 멀리에 있다. 블로그나 언론에서 접한 새로운 비즈니스가 실제로 효과적인지 재빨리 확인해야 한다. 지나간 광고나 마케팅 스핀marketing spin(사실보다 긍정적 혹은 부정적으로 왜곡하는 행위—옮긴이)을 볼 수 있는 방법을 찾는다.

이 단계에서 가장 중요한 결정은 아이디어를 내는 것이다. 성공 확률이 가장 높은 아이디어를 찾도록 체계적인 접근을 할 필요가 있다.

다시 말해 고객들에게 확실히 전달될 만한 제품을 찾아야 한다.

일반적으로 시장의 규모를 먼저 파악한다. 영국의 시장조사 기관인 민텔Mintel이나 〈파이낸셜타임스〉Financial Times 등 신뢰할 만한 출처에서 얻은 정보라면 더할 나위 없이 좋으며 정보를 확인하는 데 시간이 오래 걸리지도 않는다(삼성경제연구소, LG경제연구원, 한국개발연구원, 국가통계포털KOSIS 등에서 다양한 정보를 확인할 수 있다.—감수자). 간단히 말해 시장이 작고 정체돼 있다면 아무리 작은 사업이라도 직업으로 삼기 어렵다.

전업인가, 부업인가

나를 포함해 대부분의 창업가들이 궁극적으로 제품을 소매업체에 공급하는 목표를 세우고 있을 것이다. 하지만 당장 이번 월요일 아침까지 첫 번째 고객을 만나고 싶다면 직접 판매하는 모델을 고려해야 한다. 소매업체를 설득하는 과정은 너무 오래 걸리기 때문이다. 참고로 대형 소매업체에 제품을 홍보하고 실제로 진열하는 데 보통 6개월에서 12개월 정도 걸린다. 물건을 제작하고 있다면 처음부터 자체 제작을 하고, 외부 제조업체에 맡길 준비가 되면 예약 주문을 받아 전달한다.

처음부터 물건을 만들거나 서비스를 직접 제공해보면 배울 기회가 많다. 스스로 물건을 만들어봐야만 절차를 제대로 이해할 수 있고 그 절차를 최상으로 만들 기회도 생긴다.

판매대상이 제품이든 서비스든 초창기에 고객들에게 직접 팔아보면 어떤 방법이 판매에 가장 효과적인지 현장에서 즉시 파악할 수 있는 이점이 있다. 고객에게 가까이 다가갈수록 그들이 제품의 어떤 점을 선호하는지 여부를 손쉽게 파악할 수 있다. 이를 바탕으로 지속적으로 제품을 개선하면 단기간에 발전을 이룰 수 있다. 제품을 차근차근 개선할 의지가 있다면 그 제품은 출시 첫날 완벽한 상태가 아니어도 괜찮다.

이는 모든 사업에 적용되는 진리다. 이 책은 인터넷으로 제품을 판매하는 경우를 주로 다루지만 기본 원칙은 서비스 판매든 인터넷 판매든 소매점 판매든 어떤 기업에도 동일하게 적용된다. 물론 요즘에는 어떤 사업을 시작하더라도 온라인을 절대 간과해선 안 된다.

이 단계에서는 시작하려는 프로젝트에 종일 매달릴 것인지, 아니면 부업 삼아 라이프스타일 기업lifestyle business(자신의 생활양식에 필요한 정도의 이익만 추구하는 기업—옮긴이)으로 운영할 것인지 분명히 해야 한다. 이 사업에 어느 정도의 기대를 거느냐에 따라 아이디어의 실현 가능성이 갈린다. 그 아이디어를 발전시키는 데 투입하는 시간이 달라지기 때문이다.

영감은 어디에서 얻을까

구체적인 아이디어가 있는 상황에서 이 책을 집어 든 사람도 있을 것이다. 심지어 머릿속에서 여러 아이디어가 경합을 벌이고 있을지도 모르겠다. 지금 어떤 단계에 와 있든 영감은 많으면 많을수록 좋다.

다른 기업가들은 어떤 분야에 매진하고 있는지, 다른 나라에서는 어떤 흥미진진한 신사업이 관심을 끌고 있는지, 어떤 트렌드가 새로운 기회의 장을 열고 있는지 시간을 투입해 조사할 만하다. 예를 들어 식품에 흥미를 느끼는 경우 구글에서 '올해의 식품 트렌드'를 검색하면 손쉽게 아이디어를 얻을 수 있다. 관심 주제를 다룬 주요 블로그를 둘러보면 무엇이 유행 중인지 금방 파악이 된다.

전 세계 '스타트업의 관심사'를 계속 주시하는 것은 좋은 태도다. 더넥스트웹The Next Web, 테크크런치TechCrunch, 《패스트컴퍼니》Fast Company, 《와이어드》Wired, 스프링와이즈Springwise, 트렌드스포팅Trendspotting, 쿨헌팅CoolHunting, PSFK와 같은 잡지 및 주류 블로그를 읽으면 아주 쉽게 트렌드를 파악할 수 있다(국내에서는 벤처스퀘어venturesquare, 비석세스besuccess, 플래텀platum, 데모데이demaday, 아웃스탠딩outstanding, 모비데이즈mobidays 등에서 스타트업 및 창업 관련 정보를 얻을 수 있다.—감수자).

어떤 식품 브랜드가 새로 생겼는지 알고자 한다면 더다이라인The DieLine, 러블리패키지Lovely Package, 영국에서는 더드럼The Drum, 《더그로서》The Grocer를 주목하라. 시장에서 떠오르는 브랜드가 무엇인지 단서를 얻기 좋은 매체다(꼭 맞는 국내 매체는 아직 없지만 매일경제신문사에서 나오는 책《프랜차이즈 트렌드》에서 도움을 얻을 수 있다. ―감수자).

전 세계의 스타트업에서 일어나는 최신 소식을 챙기기 위해서 나는 다양한 인큐베이터incubator와 액셀러레이터accelerator의 홈페이지를 둘러본다. 이를 통해 기업가들은 자신의 고성장 기업이 순조롭게 클 수 있도록 펀딩과 사무공간, 멘토링도 제공받는다. 주로 와이콤비네이터Y Combinator, 웨이라Wayra, 시드캠프Seedcamp, 테크스타Tech Stars, 런치박스 Launchbox, 드림IT벤처DreamITVentures, 시드로켓SeedRocket, 알파랩AlphaLab, 부트업랩BootupLabs, 숏풋벤처Shotput Ventures, 캐피털팩토리Capital Factory, 500스타트업500startups, 스타트업부트캠프StartupBootcamp 등 수십 군데를 둘러본다(한국의 대표적인 액셀러레이터들이 모여 있는 곳으로는 액셀러레이터리더스포alfkorea.org, 스파크랩SparkLabs, 벤처스퀘어, 퓨처플레이FuturePlay, 프라이머Primer, 디캠프D.CAMP, 블루포인트파트너스BLUEPOINT PARTNERS, 액트너랩 ActnerLab, 더벤처스TheVentures 등이 있다. VC액셀러레이터들을 중심으로 운영되는 중소벤처기업부 민간투자주도형 기술창업지원 프로그램인 팁스TIPS도 있다. ―감수자).

이들이 공개한 투자대상의 목록에서 투자자들은 어떤 아이디어에 관심을 두는지, 어떤 시장이 기업을 성장시키기에 비옥한 토양인지 힌트를 얻을 수 있다. 당장 기업에 투자를 유치할 계획이 없더라도 '스마트 머니'(고수익을 위해 장세 변화에 따라 빠르게 움직이는 자금을 뜻함)는 어떤 생각을 하는지 파악하는 데 도움이 된다.

최신 동향을 알면 현지화해서 들여와도 좋을 다른 나라의 아이디어를 발견할 수 있다. 그뿐 아니라 훌륭한 아이디어를 살펴보는 중에 나만의 독창적인 아이디어가 생길지도 모를 일이다. 다른 제품에 적용하면 효과가 좋겠다 싶은 사업 모델을 포착하는 것이다.

당신의 관심사

첫째 날, 오전 8시

나의 경우 아이디어를 찾는 가장 확실한 방법은 관심 사항을 전부 목록으로 작성하는 일이다. 흥미를 느끼고 재미있게 보이는 모든 사항을 적는다. 이미 열정을 쏟고 있는 분야로 사업을 시작하면 그간 축적한 배경지식이 얼마나 유용한지 새삼 깨달을 것이다.

배경지식을 갖추는 일은 정말 중요하다. 좋은 아이디어란 곧 나 자신도 기꺼이 돈을 내고 살 만한 대상을 만드는 일이다. 나조차 돈을 낼 의향이 없는데 고객이 구매하리라고 생각한다면 기만이다. 남들도 나만큼 똑똑하다.

특정 주제에 대해 관심이 있을 뿐 아니라 재능까지 겸비했다면 금상첨화다! 편안한 생활을 박차고 나가 새로운 기술을 배우겠다고 해도 누가 말리지는 않겠지만 시간이 많이 걸린다.

자신이 어떤 일을 잘하는지 파악이 쉽지 않을 때도 있다. 많은 경우 일터에서는 극히 일부분의 재능을 발휘할 뿐이다. 우리의 일상은 정말로 잘하는 몇 가지와 그럭저럭 하는 수많은 일로 짜여 있다. 사람마다 재능 있는 분야가 서로 다르다. 과연 나는 어떤 분야에 끼가 있는지 알고 싶다면 내게는 쉬운데 주변인들은 어려워하는 일이 무엇인지 떠올려보라. 일단 나는 멋지다고 생각하거나 열정이 샘솟는 분야를 머릿속에 떠오르는 대로 나열해봤다.

- 스타트업
- 캠핑카
- 장거리 자동차 여행
- 비건푸드(엄격한 채식주의자들이 먹는 음식으로 우유, 달걀, 해산물도 제외한다. — 옮긴이)
- 동물 권리
- 여행
- 코미디
- 푸드 트럭
- 아이스크림 트럭
- 작은 집
- 단순한 삶
- 채소 재배
- 나의 반려견
- 언어 학습
- 자기계발
- 노인들
- 여행기
- 생활 발명(생활의 일부분을 더 쉽고 효율적으로 만드는 도구나 기술 — 옮긴이)
- 생산성 앱
- 디자인
- 공예
- 물건 만들기
- 리코리스 Liquorice
- 발명가
- 간단한 전자공학
- 아침
- 아동 서적
- 다큐멘터리
- 초콜릿
- 차茶
- 커피
- 오트밀(귀리를 볶아 잘게 빻은 뒤 우유나 물을 부어 죽처럼 끓인 음식)

이 가운데 특별히 애정이 가거나 관심이 있는 주제를 골라 흥미를 느낀 이유를 간단히 적어봤다. 사람들이 기꺼이 큰돈을 쓸 생각을 가진 틈새시장이라는 점에서 사업을 해도 괜찮겠다 싶었다.

특정 분야에 관심이 가는 이유를 왜 적는지 의아할 수도 있다. 그러나 이는 각 분야에 어떤 특이점이 있는지 핵심에 다가설 수 있는 아주 좋은 방법이다. 내가 몇몇 주제에 관심을 갖는 이유는 다음과 같다.

비건푸드	동물 권리에 대한 신념이 강하고 건강한 음식을 먹고 싶다.
모험 여행	외국에서 '진정한' 경험을 즐긴다.
아이스크림 트럭	길에서 아이스크림 트럭을 만나면 정말 반갑다. 세월이 흘러도 변함없이 즐거움과 단순한 기쁨을 주는 화신 같다.
오트밀	아침은 산뜻하게 건강식으로 출발하고 싶다. 특히 과일, 초콜릿, 견과류, 씨앗을 더해 나만의 오트밀 만들기를 좋아한다.

일단 써본다

첫째 날, 오전 8시20분

아이디어를 찾을 완벽한 출발점은 선택한 주제에 어떤 문제가 있는지 짚어보는 것이다. '당신이' 문제를 느낀다면 분명히 남들도 느낄 가능성이 높다. 그 문제를 해결하기 위해 비용을 지출할 의향이 있다면 다른 사람들도 마찬가지 아닐까.

이번에도 역시 떠오르는 아이디어를 공책에 써봤다.

비건푸드	슈퍼마켓에 진열된 비건푸드는 형편없음. 눈길이 가는 레시피가 별로 없음. 시간이 지나면서 싫증날 수 있음. 다른 비건을 많이 알지 못함.
모험 여행	어디를 여행할지 조사하는 데 시간이 많이 걸릴 수 있음. 외국어를 못함. 가이드북은 '관광지'만 소개함. 현지인들이 바가지를 씌움.
아이스크림 트럭	아이스크림을 먹고 싶을 때 트럭을 찾기 어려움! 더운 날이 아니면 운영할 수 없음. 형편없는 품질과 건강에 좋지 않은 제품. 유제품이 없는 아이스크림이나 건강에 좋은 옵션이 없음.
오트밀	슈퍼마켓에서 파는 귀리는 너무나 밋밋함. 유명 브랜드의 귀리 제품은 지나치게 설탕이 많이 들어감. 나만의 오트밀을 만들 시간이 없음.

사업 모델로 차별화하기

문제점을 적은 목록이 완성됐다면 창조적 에너지를 발산시킬 곳이 마련된 셈이다. 그렇지만 뜬금없이 해결책을 찾기보다는 수익성을 갖추도록 사업 모델을 같이 짜는 것이 더 좋다.

사실 문제의 해결책을 찾는 일과 사업을 하는 일은 완전히 다른 문제다. 해결책에 사업 모델을 적용하면 차별화를 꾀할 수 있다. 이때 채

택할 수 있는 사업 모델은 수백 가지에 달한다. 아래에 몇 가지 소개했지만 스스로 현실 가능성이 높다고 생각하는 모델을 중심으로 자기만의 목록을 만들어보라.

광고: 트래픽을 충분히 일으킬 만한 홈페이지나 잡지, 앱을 만들면 구글 애드센스Google AdSense 등을 활용해 수익을 낼 수 있다. 방문자들이 광고주의 링크를 클릭할 때마다 일정 금액을 챙기는 방법이다. 사이트의 방문 대상이 특정 분야에 집중될수록 광고 공간의 가치는 더 올라간다. 광고주들이 더 높은 가치를 인정해주는 주제도 있다. 예를 들어 금융, 도박, 유틸리티, 휴대전화 회사, 고가의 물건 등은 방문자가 클릭할 때마다 짭짤한 수익이 남는다.

대행사: 특정 분야에 인맥이 넓다면 고객이 활용할 수 있는 '전문가' 목록을 홈페이지에 올린다. 가령 DJ, 의학 강연자, 셰프, 파티를 돕는 칵테일 웨이터 등과 연결시키는 대행사를 열 수 있을 것이다.

제휴: 사업과 연관성 있는 제품 또는 서비스를 제공하는 기업과 고객을 연계해주고 고객이 제휴 기업에서 지출하면 수수료를 벌 수 있다. 특히 휴가나 금융 상품으로 콘텐츠를 만들고 있다면 수수료가 상당하기 때문에 효과가 좋다.

컨시어지Concierge(고객의 요구에 맞춰 일괄적으로 처리해주는 서비스—옮긴이): 사람들은 골치가 아프고 복잡한 일을 하느니 차라리 돈을 내고 남에게 맡기곤 한다. 여행, 비공개 파티, 집수리 등이 이에 해당된다.

소셜커머스: 지난 몇 년 동안 그루폰 같은 사이트가 우후죽순 생겼지만 이익을 내는 곳은 겨우 손에 꼽을 정도다. 그렇더라도 틈새시장에 그루폰 같은 모델을 충분히 적용할 수 있으며 이메일 가입자 데이터베이스를 대규모로 확보할 수 있다면 사업을 시작할 수 있다.

디지털 다운로드: 책, 교육 코스, 음악, 영화, 소프트웨어, 글자체 같은 디지털 상품을 제작할 수도 있다. 자체 홈페이지나 아마존_{Amazon}, 애플 등에서 디지털 다운로드 형식으로 판매하면 추가 비용을 들이지 않고도 고객에게 판매 가능하다. 일단 상품을 만들기만 하면 팔리는 대로 100퍼센트 이익이 난다.

가정방문: 내가 창업에 처음 적용했던 사업 모델을 어찌 그냥 지나칠 수 있으랴. 그 누구도 집집마다 문을 두드리면서 고객에게 직접 물건을 팔지 말라고 막아설 수는 없다. 원초적인 방식이기는 하지만 시작하는 데 비용이 거의 들지 않고 시장의 피드백을 가장 직접적으로 받을 수 있다. 세계적으로도 기업가가 거리를 오가면서 관심을 보이는 행인을 붙잡고 물건을 팔아 거대 기업을 일군 사례가 많다.

물류대행 서비스_{Drop shipping}: 인터넷 상점을 운영하되 재고를 보유하지 않는 방법이다. 주문을 제조업자에게 전달하면 제조업자가 물건을 고객에게 바로 배송한다. 고객이 결제한 금액의 일부를 떼어낸 뒤 제조업체에 도매가를 지불한다.

전자상거래: 가장 단순한 사업 모델은 직접 제품을 조달하거나 만들어서 자체 홈페이지에서 판매하는 형태일 것이다.

프리미엄Freemium: 인터넷에서 가장 흔한 모델로, 기본 버전을 무료로 제공한 뒤 고객이 추가 혜택을 누릴 수 있는 유료 버전으로 업그레이드하도록 권하는 방식이다.

라이브 이벤트: 컵케이크 장식 강좌, 집에서 여는 비공개 디너 파티 초대, 애견 훈련교실 등 오프라인 이벤트 등록에 온라인 사이트를 활용할 수 있다.

제조: 오래된 방식이긴 하나 훌륭한 제작 방법이다. 가정집 부엌에서 제품을 만들어 창업한 사람으로서 누구나 이런 방법을 활용할 수 있다고 본다. 직접 물건을 만들다가 잘되면 공장에 생산을 맡기면 된다.

시장: 이베이eBay나 에어비앤비Airbnb처럼 성공적으로 시장을 조성하기란 무척 어려운 일이다. 판매자와 구매자 양쪽을 일정 수준 이상으로 끌어모아야 하기 때문이다. 그렇긴 해도 다양한 종류의 시장을 만들 기회는 열려 있다. 반려견 산책자, 청소부, 그래픽 디자이너나 민영 주차장 등을 활용해 훌륭한 시장을 만들 수 있다.

중개인: 동일한 것을 추구하는 사람들을 많이 모아 엮어 주는 사업이다. 과거에는 중개인의 역할이 데이트 주선 정도에 국한됐지만 휴가를 같이 보낼 친구, 휴가 때 집 교환을 원하는 사람들, 지역 내 독서단 가입자들을 매치시켜 줄 수 있다.

모바일앱: 아이폰, 안드로이드 앱을 만들어서(앱 안에 추가 기능을 구매하는 옵션을 넣거나 광고를 포함시켜) 무료로 배포할 수도 있고 일회성 과금을 하거나 매달 자동이체 방식으로 판매할 수 있다.

파티플래닝: 디지털 시대에는 '직접 판매' 아이디어가 쓸모없이 보이고 색다르게 느껴지긴 하지만 대단히 성공적인 모델이다. 미국의 플라스틱 주방용품 브랜드 타파웨어Tupperware 등은 자영업자들(타파웨어에서는 '카운셀러'라고 한다.—옮긴이)이 '홈파티'를 열어 타파웨어의 제품을 전시하고 초대된 사람들에게 판매하는 방식을 개척했다. 최근에는 와인, 미용제품, 요리도구 등 다양한 제품이 비슷한 모델로 판매되고 있다.

개인거래peer-to-peer: 괜찮은 개인거래 사이트를 만들기란 쉽지 않다. 전혀 모르는 사람들이 자발적으로 물건을 공유한다는 모델에 전적으로 의존하기 때문이다. 하지만 강의 노트 공유 사이트 같은 좋은 사례도 있다. 약간의 돈을 지불하거나 자신의 강의 노트를 올리면 다른 사람이 쓴 학술 논문을 열람할 수 있다. 레시피나 여행 리뷰, 베팅 요령 등에도 적용할 수 있는 모델이다.

팝업스토어: 소매상점을 열고 싶다면 한시적으로 매장을 운영해보고 성공 여부를 가늠해도 좋다. 대중에게 물건을 판매할 수 있도록 이색적인 장소를 예약할 수 있는 인터넷 사이트도 있으며, 운이 좋다면 유동량이 많은 지역을 차지할 수도 있다.

예약판매: 특히 제품 디자인과 관련해 많은 기업이 아직 제작에 들어가지 않은 제품을 고객들에게 홍보하는 경우도 있다. 미국의 대표적인 크라우드펀딩 서비스 기업 킥스타터Kickstarter의 캠페인에서 큰 인기를 끌었던 방식으로, 기업은 구매할 의향을 밝힌 사람들이 충분히

확보된 경우에만 실제 제작에 들어간다. 기업 입장에서는 제품의 성공 여부를 즉시 확인할 수 있다.

주문형 생산: 직접 디자인한 제품을 온라인에서 홍보하고 주문이 들어오면 실행_{go} 버튼만 누르면 되는 환상적인 방식이다. 구매가 발생하지 않을지도 모르는 재고를 떠안는 리스크가 없다. 제품을 극동지역에서 조달하는 경우 고객이 물건을 받기까지 얼마나 대기해야 하는지 알려줘야 한다.

소모품: 고객이 (프린터나 커피 머신 등) 기기를 저렴하게 장만한 이후 소모품을 계속 구매하면 장기적으로는 이익이 크게 난다.

소매용 제품: 제품을 개발한 후 외부 제조업체에 맡길 수도 있다. 홈페이지는 소매업체와 고객에게 제품을 홍보하는 수단으로 활용하고 오프라인의 소매업체를 통해 브랜드를 판매한다.

자체 출판: 인터넷 덕분에 자기 아이디어를 세상에 알리는 일이 쉬워졌다. 음악, 책이나 팟캐스트 등 자신이 만든 저작물을 기초로 사업을 하는 사람들도 있다. 창의적인 아이디어가 있다면 필요한 툴을 활용하는 방법을 손쉽게 찾아 익힐 수 있다.

소셜네트워크: 소셜네트워크 분야에서 이미 탄탄하게 자리를 잡은 기업이 수두룩하니 뒤늦게 뛰어들겠다는 아이디어는 바람직하지 않을 수도 있다. 그렇더라도 아주 구체적인 관심사를 중심으로 네트워크를 형성할 수 있다. 사람들이 가입할 수 있는 웹사이트를 기반으로 오프라인에서 이벤트를 열어 온라인과 결합하는 것이 중요하다.

서비스형 소프트웨어: 소프트웨어를 만들어서 월 사용료를 받는다.

회원제 서비스: 온갖 형태의 회원제 서비스가 시시각각 생긴다. 스타트업으로 택하기에는 식상하게 느껴지는 모델이다. "상자에 뭔가 붙여놓고 일단 회비를 받아라."라는 말까지 있다. 하지만 제품이 괜찮기만 한다면 충성스러운 고객이 확보돼 수익의 예측 가능성이 높다.

아이디어 선택하기

첫째 날, 오전 8시 32분

이제 개인적으로 관심 있는 사업 모델 한두 가지를 활용해서 앞서 파악한 문제점을 해결하는 단계다. 아래에 소개한 내 아이디어를 보면 얼마나 간단한 작업인지 금방 알 수 있다. 어떤 문제는 해결책이 떠오르지 않는다. 당신도 이런 일을 늘 겪을지 모른다.

	문제점	슈퍼마켓에 진열된 비건푸드는 형편없음.
	해결책	비건푸드를 온라인으로 파는 전자상거래 사이트 개설. 매달 새로 구성하는 비건푸드 회원제 서비스.
비건푸드	문제점	눈길이 가는 레시피가 별로 없음.
	해결책	비건레시피를 공유하는 P2P 사이트 제작. 비건레시피 앱 제작. 비건요리에 쓰이는 재료와 레시피를 담은 상품을 매주 배달.

비건푸드	문제점	시간이 지나면 싫증날 수 있음. 다른 비건들을 많이 알지 못함.
	해결책	라이브 이벤트 개최. 연사와 음식을 준비해 비건들과 만남. 비건들을 위한 소셜네트워크 구축. 비건들의 데이트 주선 사이트 제작.
모험 여행	문제점	어디를 여행할지 조사하는 데 시간이 많이 걸릴 수 있음.
	해결책	색다른 여행 소망을 들어주는 컨시어지 서비스. '인적이 드문' 여행 패키지 에이전시 설립.
	문제점	외국어를 못함.
	해결책	외국어 강사 온라인 사이트 제작. 현지 여행 가이드와 통역사를 연결해주는 에이전시 설립.
	문제점	가이드북은 '관광지'만 소개함.
	해결책	대안적인 여행 가이드와 블로그를 만들되 광고와 제휴를 포함시킴.
	문제점	바가지를 씌움.
	해결책	용기를 낼 것!
아이스크림 트럭	문제점	형편없는 품질과 건강에 좋지 않은 제품.
	해결책	건강에 좋고 고급스러운 분위기를 내는 아이스크림 팝업트럭 선보이기.
	문제점	아이스크림을 먹고 싶을 때 트럭을 찾기 어려움!
	해결책	아이스크림 배달을 주문하는 앱 제작.
오트밀	문제점	슈퍼마켓 귀리는 너무 밋밋함.
	해결책	소매용 제품: 말린 과일, 초콜릿 칩, 씨앗, 양념을 더해 미리 조합한 고급 믹스 제작.

	문제점	유명 브랜드의 귀리 제품은 지나치게 설탕이 많이 들어감.	
	해결책	자체 출판한 요리책으로 맛 좋은 오트밀 레시피를 공유.	
오트밀	문제점	나만의 오트밀을 만들 시간이 없음.	
	해결책	사서 들고 갈 수 있도록 미리 조합한 오트밀 판매 팝업스토어 운영.	

　나 역시 적으면서 여러 생각이 스쳐갔는데 몇몇 아이디어는 사업화 가능성이 충분해 보였다. 무엇보다 아이디어가 나를 흥분시키면서도 고객이 지갑을 열 만한 아이디어라는 사실이 중요하다.

　비건푸드 회원제 서비스는 첫 시작을 지켜볼 수 있다는 점에서 마음에 들었다. 다른 회원제 서비스를 이미 경험해봤으니 분명 도움이 될 것이다. 외국어 강사 온라인 사이트도 멋진 아이디어다. 한국어를 가르쳐주고 내가 한국 홈쇼핑 채널에 출연했을 때 도와줄 강사를 시간제로 고용할 수 있다면 얼마나 좋을까! 미리 조합한 오트밀 아이디어도 좋아 보인다. 48시간 창업의 첫째 날 아침에 낸 아이디어라 더 와닿은 측면도 있지만 훌륭한 제품이 될 가능성이 충분하다.

　위에 소개한 주제는 다른 사람들도 분명 관심을 보일 것이다. 많은 사람들이 이런 주제를 탐색하기 위해 구글 검색을 하는 장면을 어렵지 않게 떠올릴 수 있다. 검색은 모든 온라인 사업에서 고객을 유치할 수 있는 중요한 수단이라는 점에서 의미가 크다. 만약 사람들이 제품을 검색해보지 않고서 우연히 발견할 가능성이 얼마나 될까? 고객이 전혀 생각해본 적도 없는 물건보다 실제로 원하고 있고 검색해보는 물건을 파는 일이 훨씬 쉽지 않을까?

이제 세 가지 아이디어 중에서 선택을 해야 할 시간이다. 생각해보니 나는 외국어 강의에 대해 사전지식이 별로 없는데다 일주일 만에 온라인 사이트를 만들 뾰족한 방법도 없었다. 첫 번째 아이디어는 통과하자.

식품은 언제나 내가 열정을 쏟았던 분야라는 점에서 남은 두 아이디어는 첫 번째 아이디어보다 훨씬 정감이 느껴진다. 최종 선택을 위해 구글에서 '2016년 식품 트렌드'를 검색했다. 검색 결과 가운데 가장 상단에 있는 기사는 식품 트렌드 1위로 '오트밀'을 꼽았다. 뭔가 성취할 수 있을 것 같은 느낌이 든다.

시장규모 알아보기

첫째 날, 오전 9시 13분

'오트밀 1 vs. 비건푸드 회원제 서비스 0'

이번에는 시장규모를 알아봤다. '영국의 오트밀 시장규모'를 검색했더니 2억 4,100만 파운드(약 3,600억 원) 규모이며 빠르게 성장하고 있다는 《더 그로서》The Grocer 기사가 나왔다. 유망해 보이는군. 비건푸드에 대해서는 비슷한 통계치가 눈에 들어오지 않아 다른 방법을 썼다. 무료 서비스로 이용하고 있는 구글 트렌드Google Trends는 특정 주제의 인기도가 시간대별로 어떻게 변했는지 보여준다. 두 가지 식품 모두 성장 추세에 있기는 하지만 오트밀이 비건푸드를 앞지른 듯하다. 특히 사람들이 건강해지겠다는 결심을 하는 1월에는 오트밀의 인기가 두드러졌다.

신속하게 시장조사를 하러 자전거에 올라탔다. 동네 슈퍼마켓에 가서 오트밀 업계에 어떤 일이 일어나는지 살펴봤다. 사실 상당히 많은 아이디어가 시도되고 있었다. 항상 그렇듯 이미 프리미엄 오트밀이라는 아이디어를 시도한 브랜드도 있었다. 슈퍼마켓에는 1킬로그램에 60펜스(약 900원)짜리 자체 브랜드 상품부터 건강에 좋은 재료를 넣은 4파운드(약 6,000원)짜리 고급 오트밀까지 종류가 다양했다.

내 아이디어가 진정으로 차별화돼야 한다고 고집할 생각은 없다. 그렇더라도 가게 주인이 진열대에 있던 물건을 치우고 내 물건을 놓도록 설득하려면 어느 정도의 차별화는 필요하다. 오트밀 진열대를 살펴보면서 직감적으로 흥미진진한 기회가 있겠다는 생각이 들었다. 아직까지 그 누구도 유머감각을 발휘해 오리지널 브랜드를 만들려는 노력을 기울이지 않았다. 또한 진열대의 제품 중에 한번 먹어보고 싶은 맛이 없었다. 자세히 들여다보니 프리미엄 브랜드의 제품에는 당이 첨가돼 있었다. 내 아이디어가 효과를 발휘할지 확실치는 않지만 시도할 만하겠는걸!

오트밀 사업을 한번 해볼까

한 시간 가량 고민하면서 구글을 찾아보니 성공할 만한 아이디어가 떠올랐다. 그래서 '미리 조합한 오트밀'이란 아이디어를 추진하기로 결정했다.

내 아이디어, 괜찮겠지?

이제 스스로에게 솔직해질 시간이다. 불과 한 시간 만에 건져 올린 아이디어는 형편없을 수 있으며 특히 이른 아침이라 사리판단이 불분명했을 가능성마저 있다. 그래서 아이디어가 시도할 만한 가치를 지녔는지 가늠할 수 있도록 간단한 체크리스트를 준비했다.

자신의 아이디어가 좋은지 몇 년 동안 고민한 많은 사람들에게 이 체크리스트가 짐을 덜어주는 역할을 했으면 좋겠다. 간단히 말하자면 아이디어가 이 테스트를 통과하지 못하면 첫 번째 단계로 돌아가 다른 아이디어를 고민하는 편이 낫다. 어차피 거저 얻은 아이디어이니 너무 연연하지 않기를! 아이디어가 그다지 유망해 보이지 않는다면 끌어안지 말고 휙 던져버려라. 전력을 다하면 새 아이디어를 금방 만들어낼 수 있음을 이미 경험하지 않았는가!

훌륭한 아이디어인지 판별하는 체크리스트

	YES	NO
• 이 제품에 관심이 있는가?	☐	☐
• 솔직히, 나라면 이 제품을 사겠는가?	☐	☐

- 이 사업을 성공시키는 방안을 잘 알고 있는가? ☐ ☐
- 당신 못지않게 사업화에 관심을 가진 사람들이 많은가? ☐ ☐
- 굳이 '당신이' 이 사업을 시작해야 하는 이유로 ☐ ☐
  내세울 흥미로운 이야기가 있는가?
- 48시간 안에 제품을 내놓는 과정이 머릿속에서 그려지는가? ☐ ☐
- 내가 더 잘 만들겠다 싶을 만큼 경쟁상대가 형편없는가? ☐ ☐
- '할머니 테스트'를 통과할 수 있는가? ☐ ☐

자, 이제 '미리 조합한 오트밀'이라는 아이디어를 테스트에 적용해
보자.

이 제품에 관심이 있는가

당연하다. 만들기 귀찮을 만큼 자주 먹었으니! 또 개인적으로 나는
건강식 전반에 관심이 많으며 오트밀 같은 스코틀랜드 전통 음식을
현대적이고 유쾌하게 변신시키기는 작업을 즐긴다.

흥미를 느끼는 일을 하는 것은 정말로 중요하며, 이는 아무리 강조
해도 지나치지 않다. 그저 돈이 되는 일에만 관심이 간다면 돈만 밝히
는 사람으로 비칠 뿐 아니라 전략적으로도 바람직하지 않다.

창업은 정말 쉽지 않은 일이다. 아마 시작하기 전에는 상상도 하지
못한 각종 문제에 부딪칠 것이다. 본인이 관심을 가진 프로젝트를 진
행할 때에만 문제를 딛고 계속 앞으로 나아갈 수 있다. 흥이 나는 일을

해야 최선의 결과를 낼 수 있다. 그러니 자신이 정말 좋아하는 일을 시작하는 것이야말로 사업적으로 탁월한 판단이다.

솔직히, 나라면 이 제품을 사겠는가

맛만 좋다면 당연히 사겠다. 오트밀을 다양한 맛으로 조합해서 먹기엔 게으른 편이라 다양한 재료를 섞은 천연 믹스가 있다면 구입하는 방안을 선택하겠다.

많은 기업인들이 잠재고객들은 어리숙해서 자신의 속임수에 넘어간다거나 슈퍼마켓에서 훨씬 싸게 살 수 있는 제품을 웃돈 주고 구입하리라는 허황된 기대를 한다. 고객들은 굉장히 공격적이며 기업인들의 생각보다 훨씬 많은 지식으로 무장하고 있다. 기업인들이 어떻게 느끼고 무엇을 꿈꾸는지에는 관심조차 없다.

제품이 어떻게 제작됐고 어떤 대안이 있는지 속속들이 아는 기업가 자신조차 제품을 선뜻 사지 못한다면 다른 사람이 구입하길 기대해서는 안 된다. 스스로가 가장 냉철한 비평가가 돼야 한다.

이 사업을 성공시키는 방안을 잘 알고 있는가

그렇다. 나 같은 경우 식품사업에 대해 이미 몇 가지 교훈을 얻은 바 있다. 물론 오트밀 분야의 전문가는 아니어서 현실과 내 머릿속 지식 사이에 괴리가 있을지도 모르나 적어도 식품 브랜드의 론칭에는 일가견이 있다.

혹자는 "당신은 이미 아는 내용으로 창업을 하는군요! 이전에 식품업을 해 봤으니 이는 속임수가 아니오?"라고 따질지 모른다. 이렇게 문제제기하는 분들이 있다면 나처럼 이미 경험한 일을 시도하길 권한다.

당신 못지않게 사업화에 관심을 가진 사람들이 많은가

많다. 적어도 내가 파악한 바로는 오트밀 시장은 규모가 크다. 아침식사용 시리얼은 실로 거대한 시장이다. 그렇다면 비싼 값을 주더라도 건강에 좋은 재료를 넣은 고급 오트밀을 구매할 사람들이 많을까? 그건 두고 봐야 알겠지만 왠지 그러리라는 생각이 든다.

때로는 몇몇 사람 정도만 관심을 보일 법한 틈새시장을 파고 들어볼까 하는 유혹을 느낄 때가 있을 것이다. 그런 아이디어는 과감하게 피하라! 위에서 제시한 첫 번째, 두 번째 질문을 수월하게 통과했더라도 그 사실만으로 사업에 청신호가 켜진 것은 아니다.

나는 지금 유행하는 제품 카테고리 또는 그 사이의 틈새를 파고드는 아이디어에 집중하기를 좋아한다. 알고 보면 전혀 문제가 아닌데 겉으로만 문제인 상황을 해결하는 아이디어에는 별 관심이 없다.

어떤 책은 시장규모를 파악하는 일이 중요하다고 가르친다. 특정 제품의 시장이 1억 파운드냐, 2억 파운드냐를 놓고 많은 기업가들이 설전을 벌이기까지 한다. 나라면 제품의 시장규모가 일정 수준 이상으로 크기만 하다면 정확한 규모는 그리 중요하지 않다고 조언하겠다.

굳이 '당신이' 이 사업을 시작해야 하는 이유로 내세울 흥미로운 이야기가 있는가

물론이다. 오트밀은 잼에 강점을 가진 내 경력과도 멋지게 어울린다! 그뿐만이 아니다. 귀리는 건강에 좋아서 슈퍼잼이 지향하는 가치와도 잘 맞는다. 무엇보다 나와 귀리는 스코틀랜드 출신이라는 연결고리가 있다. "귀리는 스코틀랜드에선 사람이 먹고 영국에선 말이 먹는다."는 속담도 있지 않은가. 젊은 친구가 오트밀 같은 전통식을 즐길 거리로 만든다는 이야기는 충분히 흥미를 자아낼 것이다!

이야기를 왜 그렇게 강조하는지 의아하게 여기는 사람들도 있을 것이다. "나는 아이디어로 유명세를 얻을 생각이 없는데 이야기가 무슨 상관이오?"라고 따질지도 모른다. 이야기는 단순히 신문에 소개되는 흥밋거리가 아니라 고객이 경쟁사 대신 당신의 목소리에 귀 기울여야 하는 설득력 있는 이유를 제공한다. 무엇이 당신을 차별화시키는가?

지금 진심으로 흥미를 느끼는 아이디어를 발전시키고 있고, 고객의 입장이어도 구매의향이 있다면 분명 그 속에 이야기가 존재할 것이다. 특정 아이디어에 열정을 갖게 된 이유나 그 아이디어를 내도록 이끈 경험을 생각해보라.

이 책 후반부에서는 이야기를 들려주는 방법을 다룰 것이다. 지금 단계에서는 아이디어가 진심으로 자신에게 어울리는지 스스로에게 물어보라. 누군가가 "굳이 '당신이' 이 사업을 시작해야 하는 이유가 뭐죠?"라고 물었을 때 대답에서 진정성이 묻어난다면 정말 바람직하다. 반면 아이디어가 당신의 가치나 배경과 별로 어울리지 않는다면 남들도 그런 사실을 눈치챌 것이다. 그러면 성공할 가능성은 점차 희미해진다.

48시간 안에 제품을 내놓는 과정이 머릿속에서 그려지는가

그렇다. 집에서 만들어 먹던 오트밀 레시피를 활용하면 세 가지 믹스 정도는 너끈히 만들 수 있다. 그리고 당장 구입 가능한 포장 재료를 주문하고 단순한 브랜드를 만들어서 이틀 안에 몇십 상자를 팔 수 있는 판매처를 확보하면 된다. 사업을 꼭 이틀 안에 시작해야만 하는 것은 아니다. 시간이 좀 더 걸려도 괜찮다. 그런데 아이디어가 복잡해서 단기간에 기초적인 제품을 만들 방안이 손에 잡히지 않는다면 실제로 제품이 나오기까지 작업이 꽤 어려울 가능성이 높다.

지금 이 단계에서 아이디어를 완벽하게 구현해낼 필요는 없다. 간단하지만 그럴듯한 제품을 우선 시장에 선보인 후 고객들이 무엇을 원하는지 파악하면 그에 맞춰 변경하면 된다.

단기간에 일을 시작하기가 불가능하다고 느껴지면 사업의 첫 번째 결과물을 단순화해보라. 예를 들어 레스토랑을 열 생각이라면 자기 집에서 팝업 디너클럽을 열어보면 어떨까? 아니면 푸드트럭을 빌려서 레시피를 시험하면서 실제로 레스토랑을 내기 전에 마니아를 먼저 확보하는 방안도 있다.

대형 소매업체에 납품할 계획이라면 시장에서 먼저 팔아보면 어떨까? 온라인 서비스를 제공하고자 한다면 당장 구입할 수 있는 소프트웨어를 활용해서 단순 버전을 출시한 뒤 사용자들의 요구사항을 파악한다. 그 뒤에 처음부터 다시 서비스를 구축해도 좋다. 그러면 수천 달러를 투자하더라도 적어도 사용자들이 원하는 제품을 만들고 있다는 안도감이 들 것이다.

내가 더 잘 만들겠다 싶을 만큼 경쟁상대가 형편없는가

프리미엄 시장에서 경쟁자를 모욕하지 않고도 그들보다 나은 성과를 낼 수 있다고 생각한다. 오트밀 시장에는 스타트업이면서도 특정 대상에 잘 어울리는 멋진 포장과 제품으로 승부하는 경우가 종종 있다. 반면 미국의 대표적인 청량음료 제조업체 펩시코PepsiCo의 퀘이커 오츠Quaker Oats 같은 공룡 브랜드도 있다. 감사하게도 시장규모가 워낙 크다 보니 기발한 제품으로 승부하면서 여러 경쟁자들과 공존할 수 있는 여지가 충분하다.

이미 언급했듯 오트밀 시장에는 경쟁자들이 많으며 일부는 대기업이다. 심지어 오트밀 제품을 팔고 있는 친구도 있고 아침식사용 시리얼을 만든다는 스타트업은 늘 만난다. 즉, 이 시장이 나 혼자 차지하는 광활한 벌판이 아니라는 사실은 잘 알고 있다. 이제까지 배운 내용과 배치된다고 생각하는가? 대기업과 경쟁하지 않는 시장으로 가야 할까? 경쟁이 전혀 없다면 환상적이겠지만 이는 현실과 거리가 먼 가정이다. 그렇더라도 덩치만 크고 매력적이지 않은 브랜드가 시장을 장악하고 있는 상황이라면 충분히 도전해볼 만하다. '다윗과 골리앗'의 대결 구도에서 몸집이 작은 도전자 다윗은 소비자들의 사랑을 받지 못하는 골리앗을 충분히 쓰러뜨릴 수 있다. 거대 기업은 시장에 신규 진입자가 들어왔을 때 대응이 느리다. 기존 질서에 안주하기 때문이기도 하고 반응에 시간이 오래 걸리기 때문이기도 하다. 대기업이 신제품을 구상해서 내놓기까지 48시간 이상 걸릴 것이 분명하다! 또 그들은 우리처럼 진정성 있는 이야기가 없는 경우도 많다. 그러므로 진정성과 이야기를 마법의 지팡이로 활용해야 한다.

결론적으로 나는 오트밀 시장에 경쟁자가 있더라도 마니아를 확보한 브랜드는 많지 않다고 생각했다. 슈퍼스타는 존재하지 않는 상황에서 고만고만한 경쟁자들 사이에서 기회를 잡을 수 있겠다는 판단을 내렸다. 반면 운이 없게도 공룡 기업에 맞서 경쟁해야 한다면 아이디어를 다시 생각해볼 때다. 나라면 아마존이나 애플과 정면으로 맞선다든지 자금이 풍부하고 디자인이 탁월한 데다 열심히 노력까지 하는 스타트업과 경쟁하는 대신 다른 일을 시도하겠다. 평범하거나 시시한 경쟁자들과 겨룰 수 있는 시장이 존재하는 마당에 똑똑한 기업과 경쟁을 벌이기엔 우리 인생이 너무 짧다.

'할머니 테스트'를 통과할 수 있는가 첫째 날, 오전 9시 52분

이쯤에서 사업의 성공 가능성을 가늠할 가장 중요한 테스트를 소

개하겠다. 바로 '할머니 테스트'다. 아이디어가 얼마나 첨단이고 복잡하든지, 문제를 해결하기 위해 얼마나 세세하게 신경을 써야 하든지 할머니들에게 설명할 수 없는 아이디어라면 깊이 사고하지 않았다고 볼 수 있다.

할머니의 이해력이 떨어지기 때문이 아니다. 오히려 그 반대다. 특히 우리 할머니는 정말로 현명하셔서 구글에 대해서도 잘 이해하실 정도다. 물론 대다수의 사람들이 그렇듯 구글의 작동 원리는 잘 모르시지만 구글이 무슨 일을 하며 사람들이 왜 이용을 원하는지 잘 아신다. 내가 구글 검색이라는 최첨단 아이디어를 할머니에게 제대로 이해시킬 정도면 당신도 자기 아이디어를 할머니에게 이해시킬 수 있을 것이다. 그 아이디어란 적어도 구글 검색보다는 덜 혁신적일 테니 말이다.

자, 이제 오트밀 사업을 할머니에게 테스트할 시간이다. 할머니와 차를 한 잔 마시면서 오트밀 아이디어를 간략하게 설명해드렸다. 할머니가 전수해주신 잼 레시피가 좋은 반응을 얻은 이후 신제품을 내놓기 위해 어떤 작업을 하고 있는지 말씀드렸다.

"또 다른 레시피를 훔치려고 여기 온 게냐?"

할머니가 농담조로 물으셨다.

"아니에요, 걱정 마세요. 지적재산권 전문 변호사를 부르실 필요는 없어요."

나도 우스갯소리를 했다.

"그저 할머니가 새 아이디어를 어떻게 생각하실지 궁금했거든요."

이어 새 사업 아이템으로 오트밀이 괜찮다는 결론을 얻었다고 설명했다. 옛날 스코틀랜드 사람들처럼 귀리에 소금 간을 해서 먹는 것에 지겨워진 사람들이 신선한 재미를 느꼈으면 한다고 덧붙였다. 할머니는 오트밀에 풍미를 더하려는 아이디어가 아주 좋다면서 바나나 오트밀 레시피를 알려주셨다. 나는 말린 과일, 견과류, 씨앗, 초콜릿칩 등을 미리 조합한 오트밀 제품을 만들 계획이라고 말씀드렸다.

"멋지구나."

다행히 이번에도 우리는 통했다.

창의적인 아이디어를 내는 방법
붐에프

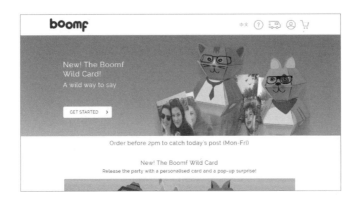

팟캐스트 쇼를 통해 나는 이제까지 만났던 가장 창의적인 기업인을 인터뷰할 수 있었다. 바로 인터넷에서 마시멜로를 파는 기업 붐에프_{Boomf.}com(인스타그램의 사진을 전송하면 마시멜로에 새겨서 배달해주는 기업—옮긴이)의 공동 창립자 앤디 벨_{Andy Bel} 이다.

벨은 독창적인 사업 아이디어가 샘솟는 스타 기업인이다. 포켓 크기의 인스타그램 프로젝터, 맞춤형 입욕제도 그의 손에서 탄생했다. 나는 벨에게 멋진 아이디어를 낼 수 있는 비법을 소개해달라고 부탁했다.

아이디어가 꼭 독창적이어야 하는지에 대해 벨은 다양한 가능성이 열려 있다고 지적했다. 그는 현실에서 대다수의 기업이 독창성보다 아이디어의 실행을 놓고 경쟁을 벌이기 때문에 완전히 새로운 제품을 만들기 위해 애

쓸 필요는 없다고 설명했다.

아이디어가 없어서 고민을 하는 경우라면 이미 잘 알고 있는 주제를 파고 들어야 하며 꽤 조직적인 방법으로 아이디어를 짜야 한다고 벨은 조언했다. 가능한 많은 아이디어를 내도록 노력하되 가족이나 친구의 도움을 얻어도 좋다. 신통치 않은 아이디어는 곧바로 폐기한다. 이런 과정을 거치면 '유레카'를 외치는 순간이 오기를 오매불망 기다릴 때보다 보석 같은 아이디어를 발굴할 가능성이 더 높다.

나와 마찬가지로 벨도 아이디어가 완벽한지 아닌지를 고민하기보다 일단 시장에 내놓고 봐야 한다고 생각했다.

"우리는 자기 아이디어가 쓸모가 있느냐를 확인할 방법에 대해 많은 대화를 나눕니다. 특히 인터넷에서 활발하게 논의가 진행되죠. 그런 차원에서 테스트며 최소기능제품 MVP, minumum viable products(완벽한 제품을 만들기 전에 아이디어를 최소 기능으로 구현한 제품─옮긴이) 제작에 공을 들이고요. 그런데 특히 소비재의 경우 어떤 제품이 효과가 좋은지 미리 감을 잡기가 정말 어렵습니다. 미리 판단하려는 건 비현실적이에요."

벨은 또한 아이디어를 혼자 끌어안고 있지 말라고 당부했다.

"자기 아이디어에 귀를 기울여주는 사람이 있다면 누구에게라도 공유하세요. 그러면 그 아이디어가 빠르게 퍼질 수 있고 재미있는 방식으로 변이가 일어나기도 합니다. 우리가 입에 올리는 아이디어는 실제로 실행에 옮길 사람보다 훨씬 많은 법이죠."

제3장

진행 순서 정하기

'시작'에도 요령이 있다

"천리 길도 한 걸음부터."라는 속담이 있다. 48시간 이내 창업하는 경우는 스무 걸음부터 시작을 해야 할지도 모르지만. 아무튼 지금까지 아이디어를 갈고 닦았으니 행동에 옮길 시간이다. 남은 하루 반 동안 어떤 일을 해야 할지 목록을 전부 적으면 좋다. 과연 이 짧은 시간에 사업을 시작할 수 있을까 엄두가 나지 않을 수도 있다. 그런데 전체 과정을 스무 단계 정도로 잘게 나누면 문득 가능하겠다는 생각이 든다.

48시간 창업 프로젝트의 할 일 목록을 관리할 때 도움이 될 만한 애플리케이션도 있다. 예를 들면 에버노트Evernote, 투두TeuxDeux, 마인드제트Mindjet, 플로우Flow 등을 활용할 수 있다(트렐로trello, 팀워크Teamwork도 유용하다.—감수자). 아니면 펜과 종이를 준비해서 아이디어를 제품으로 만들기 위해 해야 할 일을 단계별로 적어보라.

할 일 목록

〈 첫째 날, 오전 10시 10분 〉

여러분은 나와 다른 목록을 작성하겠지만 참고삼아 제품을 시장에 내놓기 위해 앞으로 며칠간 끝맺음할 일을 소개해보겠다. 스스로 만족감을 얻기 위한 차원에서 이미 완료한 일에는 선을 그었다.

	끝낸 일	• 관심 사항을 적는다. • 각 관심사마다 문제점을 찾아본다. • 가능한 해결책을 떠올려본다. • 해결책을 사업 모델에 연결시킨다. • 실현 가능해 보이는 아이디어를 선택한다. • 성공 가능성이 가장 높은 아이디어를 고른다. • 할머니 테스트를 한다.
첫째 날	남은 일	• 고객과 대화를 나눈다. • 경쟁자의 가격 정책을 조사한다. • 제품의 가격을 결정하고 그 가격으로 판매가 가능한지 따져본다. • 고정비를 충당하기 위해 팔아야 하는 수량이 합리적인지 확인한다. • 전문가와 아이디어를 점검한다. • 이름을 짓는다. • 슬로건을 만든다. • 도메인 이름을 등록한다. • 회사 이메일 주소를 만든다. • 전화번호를 등록한다. • 브랜드와 포장을 만들 디자이너를 찾는다. • 무드 보드mood board(원하는 모양과 느낌을 디자이너에게 잘 전달할 수 있도록 여러 이미지를 조합한 판 — 옮긴이)를 만든다. • 어울리는 글자체를 고른다. • 디자이너가 로고와 브랜드 이름을 만들 수 있도록 간략히 설명한다.

첫째 날	남은 일	· 원재료를 구한다. · 첫 판매분을 포장할 규격 포장재를 주문한다. · 홍보 자료를 주문한다. · 제품 사진의 촬영을 위해 푸드스타일리스트와 사진작가를 섭외한다. · 포장과 홈페이지에 들어갈 기본 문구를 작성한다. · 쿨쿨, 잠을 잘 시간이다!
둘째 날	남은 일	· 인쇄 전문점에서 라벨 디자인을 인쇄해 포장에 붙인다. · 푸드스타일리스트에게 촬영을 요청한다. · 홈페이지를 만든다. · 소셜미디어 계정을 만든다. · 홈페이지에 제품의 최종 사진을 올린다. · 최초 고객을 유치할 방법을 궁리한다. · 첫 번째 주문을 발송한다!

위와 같이 간략한 단계로 세분화하니 시간이 촉박하긴 해도 실현 가능성이 있어 보인다. 할 일이 많지만 단계마다 빠르고 손쉽게 해결할 방법이 많다. 이제는 단계별 실행방안을 차근차근 설명하겠다.

고객과의 대화가 먼저다

너무 간단하고 쉬운 단계여서 그런지 간과되는 경우가 많다. 기업마다 고객이 누구인지, 고객이 무엇을 원하는지 추상적으로 파악하는데 그친다. 고객에 대한 연구결과와 시장조사 보고서를 읽고 최신 트렌드를 열심히 살핀다. 하지만 고객과 대화를 나누면서 그들이 원하는 바에 귀를 기울일 때 가장 좋은 답을 얻는 경우가 많다.

스티브 잡스Steve Jobs는 자신이 고객에게 제품을 제시하기 전까지 고객들은 스스로 원하는 바를 알지 못했다는 명언을 남겼다. 고객들이 스스로 원하는 바를 모른다는 잡스의 지적에 공감한다. 적어도 고객이 되면 나도 뭘 원하는지 모르기 때문이다. 그러니 사람들에게 무엇을 원하느냐고 직접 묻는다고 해서 유용한 정보를 얻으리라는 법은 없다.

하지만 묻는 과정에서 사람들의 실제 행동을 많이 파악할 수 있다. 경쟁자의 제품 중에서 무엇을 구입하며, 왜 구입하는가? 경쟁자의 브랜드에 대해 어디서 처음 들었는가? 그 제품을 어디에서 사는가? 그 제품으로 무엇을 하는가? 그 제품에 어떤 문제점이 있다고 생각하는가? 등등. 어떤 질문을 할지는 판매하려는 제품에 따라 다르다. 특히 고객이 기업이라면 당신이 풀려고 하는 문제를 그들은 어떻게 해결했는지, 혹시 해결되지 않은 문제가 남아 있는지 파악하는 것이 급선무다.

일단 대화를 나눌 고객을 한 사람 이상 찾아야 한다. 내 경우에는 상점에서 제품을 팔 생각이므로 소매업체 바이어를 만나 매장에 진열하려면 무엇을 해야 할지 물을 계획이다.

바이어에게 묻는다

사회에 나와서 가장 도움이 된 조언은 슈퍼잼을 납품하러 아빠 양복을 입고 웨이트로즈를 찾아갔던 열여섯 살 때 얻었다. 당시 나는 아이디어밖에 없었고 실행에 옮길 방법도 모르고 있었는데 탁자 반대편에는 그 방법을 알려줄 수 있는 사람이 앉아 있었다.

자기 제품을 소매업체, 특히 대형 업체에 공급하려고 할 때 결의를 불태우면서 당장 상대를 만나 모든 답을 아는 체해야 한다고 생각하는 사람들이 많다. 지금은 미국 대통령이 된 도널드 트럼프가 서바이벌 형식으로 회사의 경영자를 뽑았던 리얼리티 TV쇼 〈어프렌티스〉처럼 말이다. 그보다는 바이어에게 정직하게 자신이 추구하는 바가 무엇이며 이유에 대해 설명해보라. 그러면 바이어가 당신에게 얼마나 열정적으로 조언을 주는지 놀랄 것이다.

염두에 두고 있는 고객이 어떤 유형이든 그들의 의견을 귀담아 들어야 한다. 고객의 의견을 고려해서 아이디어를 수정하라. 모든 사람이 파란색이라고 말한다면 파란색이 답이다.

기업가들은 자기 아이디어를 고집하는 경우가 많다. 자신의 아이디어를 지지하는 정보에만 귀를 기울이면서 도전을 제기하는 목소리는 무시한다. 남들에게 의견을 묻지 않는 경우도 허다하다. 자신의 아이디어는 더는 바랄 것이 없도록 완벽하다며 자신만만하다. 하지만 타인에게 조언을 구하는 겸손함이야말로 멋진 제품을 단기간에 만들 수 있는 최고의 지름길이다.

웨이트로즈 바이어는 내가 어떤 실수를 저지르고 있는지 하나하나 알려줬다. 라벨, 레시피, 가격 모두가 엉망이었다. 하지만 100퍼센트 과일잼을 만들겠다는 아이디어 자체는 좋다고 평가했다. 그의 격려 덕분에 나는 처음부터 다시 계획을 세우면서 고칠 수 있었다.

나는 디자이너와 작업하면서 라벨을 만들고 제품을 생산할 공장을 찾아냈으며 새로운 맛을 개발했다. 그런데 유감스럽게도 수정한 아이디어를 바이어에게 가서 설명하자 라벨은 유치하고, 공장의 생산단가가 비싸며, 새로 개발한 맛도 별로라고 말했다. 기본적으로 모든 아이디어가 다시 쓰레기통으로 직행했고 나는 처음으로 되돌아가야 했다. 바이어는 낙담한 내게 여전히 아이디어는 훌륭하다며 포장 디자인을 어떤 모습으로 바꿔야 할지, 가격은 어떻게 매겨야 하며 어떤 맛이 가장 좋아 보이는지 조언해줬다.

그가 한 이야기를 전부 반영해서 마지막 세 번째로 찾아가자 바이어로서도 더는 거절하기가 어려웠다. 바이어도 내가 아이디어를 발전시키는 과정에 발을 담갔기에 어떤 면에서 슈퍼잼은 그 바이어의 자식이기도 했다. 물론 내가 바이어의 피드백을 무시했다면 기회는 영영 오지 않았으리라.

그렇다면 오트밀 사업은 세계적인 유통기업 테스코Tesco의 아침 시리얼 바이어에게 전화를 해서 조언을 얻어야 할까? 그다지 현실적이지 않다. 하지만 내 제품이 더 관심을 받기 위해서 어떻게 개선해야 할지 조언해줄 사람은 많다. 이 시점에서는 잠재고객에게 아이디어에 대한 의견을 묻는 걸 두려워해서는 안 된다. 내 경우에는 의견을 물을 기회가 아주 가까운 곳에 있었다. 바로 동네 슈퍼마켓이다.

곧장 집을 나와 슈퍼마켓으로 향했다. 조언을 구하면서 시간을 뺏었다는 미안함이 덜하도록 약간의 식료품을 샀다. 계산대에서 내 차례가 왔을 때 일하던 남자 직원에게 주말을 어떻게 보냈냐며 운을 띄웠다. 가벼운 대화를 이어가면서 오트밀에 대해 물을 기회를 살폈다.

"사실 제가 프리미엄 오트밀 브랜드를 만드는 작업을 하고 있습니다. 오트밀을 판매해보셔서 의견이 있으실 텐데, 오트밀이 매장에서 인기가 좋습니까?"

알고 보니 그 직원도 오트밀에 어느 정도 관심이 있었다. 그가 오트밀이 진열된 곳으로 친히 안내해서 대화를 이어갈 수 있었다. 직원은 내가 브랜드를 만들면서 자신의 의견을 물어봤다는 사실에 꽤 기뻐하는 눈치였다.

"포장이 중요하다는 사실을 꼭 기억하세요. 일단 눈길을 끌어야 해요. 포대 형태는 추천하지 않습니다. 진열대에 올려놓으면 너저분해 보이고 터지기라도 하면 주변이 난장판이 되거든요."

눈길을 끌되 포대 형태가 아닌 포장에 담아서 내일 가져오면 진열대에 놔줄 수 있는지 물었다.

"내일요? 내일 제품을 가지고 다시 온다고요?"

직원은 과연 내일 내가 제품을 가져올 수 있을지 의아해하면서 물었다. 내 말이 농담인지 아닌지 갸우뚱하면서도 진열해주겠다고 말했다.

"좋아요, 약속한 겁니다."

고객에게 전화를 걸어라

판매할 물건에 따라 잠재고객과 접촉할 방법이 결정된다. 내 경우에는 마케팅 목적의 전화에 동의한 사람들의 연락처를 구해서 전화를 돌려본 적이 있다.

지난 6개월 동안 신차를 구입한 사람, 반려견을 키우는 사람 등 온갖 종류의 고객 데이터베이스를 인터넷으로 구매할 수 있다. 얼마나 쉽게 구할 수 있는지 알고 나면 본인의 정보 공유에 더 조심하게 될 정도다. 실제로 구글을 검색하면 소비자 데이터를 판매하는 회사가 수백 곳이 뜬다. 모두 잠재고객의 전화번호, 이메일과 집 주소 데이터베이스를 팔겠다는 곳이다. 물론 데이터를 파는 에이전시가 연락처를 윤리적으로 확보했는지는 확인할 필요가 있다. 고객이 제3자에게 연락을 받겠다며 동의를 한 경우에만 전화를 걸 수 있다. 지금은 50명 정도의 연락처만 있으면 되기 때문에 데이터를 시험적으로 무료로 얻도록 협상을 해야 한다. 에이전시 측에 데이터의 질이 어떤 수준인지 간단한 테스트를 할 뿐이라며 앞으로 사업 규모가 커지면 대규모로 구매할 의향이 있다고 설명한다. 이것은 충분히 실현 가능한 일이며 당신에게 거짓말을 하라고 시키는 것이 아니다. 대다수의 경우 에이전시가 데이터를 무료로 기꺼이 제공한다.

자, 이제 누구도 하고 싶어 하지 않는 일, 바로 전화기를 들 때다. 단순히 사람들에게 전화를 걸어서 당신의 새로운 사업 아이디어에 도움을 줄 수 있느냐고 공손하게 묻는다. '도움'이라는 단어를 쓰면 사람들이 얼마나 적극적으로 자기 아이디어와 제안을 말해주는지 놀랄 것이다. 인간은 타인을 도우려는 본성이 있는데다 특히 상대가 공손하면 더 적극적이다. 시장조사를 하면서 낯선 사람의 시간을 빼앗는다는 생각에 위축된다면 제품이 나오면 무료로 제공하겠다거나 사은품을 추첨할 때 이름을 넣어주겠다고 제안해본다.

이전에 노인들에게 건강식을 배달하는 사업을 6개월 정도 추진한 적이 있었다. 창의력을 발휘해 제품 이름은 슈퍼밀SuperMeals이라고 지었다. 노인들의 호불호를 파악하기 위해 경쟁사의 제품을 구입한 적이 있으며 다른 기업의 '식사 배달' 서비스 소식을 듣겠다고 동의한 고객의 데이터베이스를 구매했다. 여기까지는 완벽했다.

오후 내내 노인들에게 전화를 걸어 과거에 제공받은 식사 배달 서비스를 지금도 이용하는지 물었다. 노인들은 피드백을 받으려 누군가가 전화를 걸었다는 사실에 매우 기뻐했다. 나 역시 신문기사, 시장조사 보고서나 혼자 고생하면서 파악한 추상적인 의견보다 고객에 대해 더 많은 것을 알 수 있었던 계기였다.

결국 노인을 대상으로 하는 건강식 배달 서비스는 접었다. 고객들과 대화를 나누는 동안 개인별로 요구사항이 상당히 복잡하다는 사실을 깨달았기 때문이다. 통화한 노인들마다 저마다의 식단을 요구했는데 그렇게 되면 식사 배달 서비스는 무척 복잡해진다. 무엇보다 건강식 서비스에 매길 수 있는 가격이 합리적인 선을 크게 벗어날 수밖에 없다는 생각이 들었다. 노인들은 연금을 받아 생활하다 보니 한 푼 한 푼이 소중하다.

과거 실패담을 구구절절 늘어놓는 이유는 아이디어란 폐기해도 상관없다는 메시지를 전하기 위해서다. 고객과 대화해보니 앞서 가정했던 모든 사항이 보완하기 어려울 정도로 어긋나면 아이디어를 구겨서 쓰레기통에 던져버려라. 그리고 다른 아이디어를 시도하면 된다. 큰 문제가 아니다.

전화통화를 하든 직접 만나든 잠재고객과 대화를 나눌 때 파악해야 할 몇 가지 핵심 사항이 있다.

고객들은 당신의 아이디어를 어떻게 생각하는가

고객들이 솔직한 피드백을 줄 수 있는지 확인해야 한다. 지금 아이디어에 어떤 허점이 있는지 찾는 중이라고 말해보라. 그러면 고객들은 실수를 지적하는 일이 곧 도움을 주는 일이라는 생각에 조금은 편안해진다. 다른 사람의 아이디어를 비판하면서 기분 좋은 사람은 없다. 상대가 완전히 낯선 사람이라도 마찬가지이기 때문에 실수를 지적해달라고 적극적으로 장려해야 한다.

입장을 바꿔서 당신이라면 이 시장에서 어떤 제품으로 승부하겠느
냐고 물어볼 수도 있다.

고객은 제품에 무엇을 기대하는가

고객이 당신의 제품을 구매할 때 무엇을 중시하는지 파악하는 일
은 정말 중요하다. 당신에게 있어 비판할 수 없는 신성한 대상, '신성
한 소'는 무엇인가? 어떤 환경에서도 제품이 충족시켜야 할 조건이 있
다. 고객의 의견을 구하지 않았으면 전혀 생각해보지도 못했을 구체
적인 사항을 들을 수도 있다. 포장의 높이가 20센티미터를 넘어가면
진열대에 들어가지 않는다는 조언이 그런 경우다. 의견을 듣지 않았
다면 기껏 제품을 만들어 놓고 크기나 다른 뜻밖의 복병 때문에 진열
도 하지 못하는 사태가 발생할 것이다.

고객은 다른 어떤 제품을 구매하는가

잠재고객들이 경쟁사의 어떤 제품에 대해 들어봤는지, 어떤 제품을
구매했는지 묻는다. 그저 이유를 계속 물어라. 왜 구매를 했나요? 왜
더는 구매하지 않나요? 그 제품을 친구에게 권할 생각이 있나요? 대다
수의 질문에 그들은 기억을 해내지 못하거나 '왜' 그렇게 행동했는지
정확한 이유를 대지 못할 것이다. 그렇더라도 경쟁사의 전략 중에 모
방할 만한 괜찮은 방안이 있는지 단서를 얻는 것이 중요하다. 아니면
경쟁사가 저지르고 있는 실수를 개선할 아이디어를 얻을 수도 있다.

잠재고객을 인터뷰할 때는 어투에도 신경을 쓴다. 당신의 아이디어를 놓고 대화를 나누는 상대방 역시 인간이다. 딱딱한 대본에 얽매이기보다는 대화가 자연스럽게 흘러가게 한다. 단순히 조언을 구하겠다는 태도로 접근하면 상대방도 통화를 하면서 위화감을 느끼지 않는다.

30분 정도 인터뷰를 했다면 제품이 충족해야 할 조건에 대해 어느 정도 단서가 확보돼 있어야 한다. 그러고서도 더 많은 잠재고객과 대화를 나눠야겠다는 생각을 할 수도 있다. 아이디어를 발전시키는 데 필요한 조언을 구했다는 확신이 들 때까지 고객과의 대화를 멈추지 말라.

경쟁사는 연구개발 부서와 같다

첫째 날, 오전 10시 42분

모든 기업은 경쟁상대가 있으며, 최소한 고객이 무엇을 기대하는지 단서를 줄 다른 기업이 존재한다. 사업을 시작하면 경쟁사보다 고객에 초점을 둬야 한다. 그렇긴 해도 고객이 우리 회사에 무엇을 기대하는지 아이디어를 얻을 수 있는 가장 좋은 방법은 경쟁사가 제공하는 제품을 살피는 일이다.

어떤 분야에서 성공한 기업은 제품을 완벽하게 만들기 위해 수년을 투자했다고 봐도 좋다. 최적의 가격이 얼마인지, 사람들은 어떤 크기의 제품을 원하는지 등을 열심히 파악했을 것이다. 경쟁사에서 이미 작업을 다 해놨는데 처음부터 다시 파악할 이유가 없지 않은가? 경쟁사를 무료로 연구개발을 수행하는 부서쯤으로 여겨야 한다. 기업을 신속하게 키우려면 경쟁사가 이미 이뤄놓은 성공에서 영감을 얻기를 주저하지 말라.

그런 의미에서 나도 앞으로 경쟁할 브랜드를 살펴봤다. 어떤 부분에서 잘하고 있고 어떤 부분에서 별로인지 따져봤다. 가장 성공적인 브랜드를 재빨리 가려내려면 아마존에서 해당 카테고리를 확인해보면 된다. 내 경우에는 온라인 슈퍼마켓이 유용했는데 이런 사이트에서는 상품을 '인기도순'으로 정렬할 수 있다.

가장 성공적인 브랜드가 파악되면 어떤 제품을 만들어야 할지 감을 잡을 수 있다. 주요 경쟁사를 규모에 따라 정리한 작은 표를 만들어봐도 좋다. 기업별로 강점과 약점을 확인해보자. 다음은 맛을 첨가한 오트밀 가운데 가장 인기 있는 브랜드인 웨이트로즈를 표로 살펴본 것이다(2016).

표를 만들 때 성공한 경쟁자들의 비결은 무엇인지, 실패한 경쟁자

브랜드	강점은 무엇인가	약점은 무엇인가
퀘이커 오츠Quaker Oats 골든 시럽 (2.45파운드/324그램)	1회분씩 개별 포장	당과 향료 첨가
루드 헬스Rude Health 5곡물, 5씨앗 (3.05파운드/500그램)	프리미엄 포장	싫증나도록 '건강에 좋은' 맛
도싯 시리얼Dorset Cereals 귀리 & 보리 (2.59파운드/420그램)	프리미엄 포장	싫증나도록 '건강에 좋은' 맛

들은 왜 앞서 나가지 못했는지 금방 눈에 들어오게 해야 한다. 분석을 해보니 맛을 첨가한 오트밀 분야에서 성공한 브랜드들은 중량이 300 ~500그램 수준으로 비슷했다. 맛을 가미하지 않은 귀리는 1킬로그램 짜리 상자로 팔았지만 프리미엄 브랜드는 중량을 줄여서 가격을 합리 적인 수준으로 낮췄다(2.45~3.05파운드, 한화로 약 3,700~4,600원).

양질의 포장은 고급 브랜드가 일반 제품보다 가격 프리미엄을 누릴 수 있게 하는 효과가 분명히 있었다. 진열대에서 인기 있는 제품을 살 펴보니 건강하면서 맛도 놓치지 않는 브랜드로 승부할 기회를 엿볼 수 있었다. 현재 상위 브랜드는 이런 개념의 제품을 제공하지 않고 있다.

전문가에게 묻는다

이제 전문가에게 아이디어를 구하는 특별한 찬스를 쓰기에 적절한 때다. '그 시장에서 이미 그 일을 해본' 사람에게 정확한 질문을 던지 는 일은 정말 중요하다. 사실 내가 사업에 대해 배운 많은 교훈은 전문 가에게 도움을 구해서 얻은 것이다. 사업을 하는 동안 성공한 기업가 들이 밑에서 사다리를 타고 올라오려 애쓰는 사람들에게 자기 노하우 를 적극적으로 공유하는 모습을 보면서 큰 감동을 받았다.

물론 부모님은 나의 창업 시도를 늘 적극적으로 지지해주셨다. 그 렇지만 10대 초부터 나는 부모님이 대답하기 곤란한 질문을 하기 시작했다. "슈퍼마켓은 이익률이 얼마나 나나요?", "포장을 디자인할 때 어떤 에이전시를 써야 하고 예산은 얼마나 들까요?"

부모님은 답을 해주기 위해 주변 사람들에게 혹시 아는 기업인이 있는지 물었다. 그때 한 이웃이 "내가 케빈 도런Kevin Dorren 밑에서 일하고 있는데…. 그 사람 정도면 기업인이라고 해도 될 것 같네요."라고 말했다. 이웃 덕분에 도런을 만났고 우리는 지금까지 오랫동안 우정을 쌓아오고 있다. 도런은 슈퍼마켓에 식료품을 판매하는 사업으로 성공한 기업인으로 정말 값진 경험을 했다. 내가 집집마다 다니며 잼을 판 이야기를 듣자마자 웃음을 터뜨렸다. 그도 어릴 때 비슷한 경험을 했던 기억이 떠올랐기 때문이다. 커피를 마시면서 슈퍼잼을 대형 슈퍼마켓에 판매하려는 아이디어와 계획을 전부 설명하자 디자인 포장과 슈퍼마켓에서의 홍보, 공장 거래와 관련해 소중한 조언을 줬다.

나중에 알고 보니 사업에 성공한 사람들은 모두 다른 사람들에게 얻은 도움과 조언 덕분에 그 자리에 올랐다. 기업가들이 같은 길을 가는 다른 사람들에게 그토록 조언을 아끼지 않는 이유일 것이다. 사업 아이디어를 발전시키는 과정에서 멘토를 만나면 진실로 공정한 조언을 얻을 수 있어서 큰 도움이 된다. 아이디어에 어떤 허점이 있으며, 당신이라면 어떻게 하겠는지 물어보고 도움을 줄 만한 또 다른 전문가를 연결해달라고 부탁할 수도 있다.

올바른 멘토 찾기

지금 추진하는 아이디어와 가장 유사한 사업을 해본 경험자를 찾는 일이 중요하다. 그들은 앞으로 당신이 겪을 모든 일을 이미 체험했기 때문에 자신은 어떻게 대처했는지에 대해 실질적이면서도 시간을 절약하는 교훈을 알려줄 수 있다. 물론 직접적인 경쟁상대에게 도움을 구할 수 없는 노릇이다. 사업 모델이 같지만 다른 시장에 있는 사람을 찾아야 한다.

전문가와 연결해주는 플랫폼

멀리 있는 사람이 아니라 지금 당장 전화를 걸어서 아이디어에 대한 조언을 구할 사람이 분명 있을 것이다. 그렇긴 해도 클래리티Clarity. fm 서비스를 활용하면 도움이 된다(국내에는 클래리티와 같은 서비스를 제공하는 곳이 마땅히 없다. 다만 전국 창조경제혁신센터, 콘텐츠코리아랩, 서울 창업허브 등에 창업 원스톱 자문서비스가 있다. 이를 이용하면 법률, 세무, 회계, 창업지원 등의 정보를 쉽게 얻을 수 있다. 각종 전문가 멘토링 서비스도 갖추고 있고 매주 네트워킹 행사도 열리고 있어 다양한 도움을 얻을 수 있다.—감수자). 지금 괜찮은 아이디어를 추진하고 있는지, 그동안 간과한 허점은 없는지 명쾌하게 확인해볼 수 있는 값진 도구다. 이 서비스를 이용하면 경험이 풍부한 기업가, 저자, 어드바이저와 거의 즉시 연결돼 필요한 사항을 물을 수 있다. 분당 몇 달러 정도의 수수료를 내지만 단 20분의 통화만으로 놀랄만큼 값진 정보를 얻을 수 있다.

올바른 질문을 하라

시간 단위로 지불을 하고 대화하든 선의로 아이디어를 빌리든 상대방과 보내는 시간은 생산적이어야 한다. 대화를 시작하기 전에 상대방에게 무엇을 얻고 싶은지 스스로 정확히 알면 도움이 된다. 잠재고객을 인터뷰할 때처럼 미리 대사를 정하지 말고 자연스럽게 대화가 이어지도록 한다. 멘토가 즐거운 마음으로 조언을 하도록 분위기를 만들어야 한다. 그렇지 않으면 상대가 그다지 성의를 보이지 않거나 두 번째, 혹은 세 번째 만남은 물 건너 갈 수도 있다.

과거에 그들이 한 일 가운데 무엇이 성공적이었는지 파악하라. 이미 검증된 방식 가운데 무엇을 모방할 수 있는지 탐색하는 작업이다. 검증되지 않은 아이디어를 줄 사람은 도처에 있다. 하지만 실제로 무엇이 효과적인지 말해줄 수 있는 사람은 오로지 당신과 비슷한 사업을 해본 사람들뿐이다.

멘토에게 물을 일반적인 사항

- 시도한 일 가운데 어떤 일이 잘 안 됐습니까? 그 이유는 무엇인 가요?
- 시간이 지나면서 제품에 어떤 변화를 줬습니까?
- 첫째 날 어떤 일을 했어야 한다고 생각합니까?
- 다시 시작할 기회가 주어진다면 어떻게 하겠습니까?
- 가장 효과가 좋은 마케팅 방식은 무엇이었습니까?
- 고객 한 사람을 유치하기 위해 마케팅에 시간을 얼마나 들였습니까?
- 고객은 제품 구입에 평균적으로 얼마를 지출합니까?
- 고객이 불만이나 문제를 가장 많이 제기한 사항은 무엇입니까?
- 총 이익률은 얼마입니까?

특정 산업에 대해 물을 구체적인 사항

- 산업에 영향을 미치는 주요 트렌드는 무엇입니까?
- 구글 애드센스의 전환율(웹사이트 방문자가 사이트의 의도대로 행동을 취하는 비율—옮긴이)은 얼마입니까?
- 산업에 대한 뉴스와 정보는 어디에서 얻습니까?
- 어떤 블로그에 방문해보면 좋을까요?
- 잘하는 기업과 그렇지 못한 기업은 어디라고 생각합니까?
- 향후 계획은 무엇입니까?

실제로 어떤 행동을 했는지, 어떤 성공과 실패를 겪었는지, 어떤 계획을 추진하고 있는지 계속 질문을 던져보면 그들이 '실제로 어떤 행동을 취하고 있는지' 알 수 있다. 그들 입장에서 당신이 어떤 일을 하라고 조언을 주기는 어렵지 않다. 하지만 실제로 사업을 하면서 어떤 일을 하고 있느냐가 우리에게 훨씬 유용한 정보다. 실제 효과가 있었던 방법을 빌려와 우리만의 아이디어로 발전시켜야 하기 때문이다.

아이디어 강화하기

〈 첫째 날, 오전 11시

시장에 나가 직접 알아보고 잠재고객을 인터뷰한 덕분에 제품 제작의 방향이 보다 명쾌해졌다. 이 과정에서 새로운 의견이나 정보를 얻으면 아이디어를 과감하게 수정하기를 적극 권장한다.

한 가지만 바꿔라

아이디어를 발전시킬 때 제품의 모든 면을 개선해 경쟁자들과 완전히 차별화되려는 유혹에 빠지기 쉽다. 포장의 크기를 차별화하거나 가격대를 달리하거나 독특한 맛을 추가하거나 경쟁자가 시도하지 않는 사업 모델을 시도하는 것이다.

이 가운데 한 가지에 변화를 준다면 기업을 성공으로 이끄는 기반을 마련할 수 있다. 하지만 모든 면을 다 바꾸면 고객에게 혼란을 준다. 오트밀의 경우, 성공한 브랜드가 일률적으로 300~500그램 상자에 담아 대형 슈퍼마켓에서 팔 때는 이유가 있다. 중량은 합리적인 가격대를 유지할 수 있도록 결정됐으며 슈퍼마켓은 사람들이 오트밀을 사고 싶어 하는 장소다.

4P로 아이디어를 정의하라

아이디어를 손쉽게 정의할 수 있는 방법은 고전적인 방식인 '4P'를 적어보는 것이다. 지루한 마케팅 교과서에나 등장하는 주문 같지만 4P는 아이디어의 핵심을 살펴봄으로써 귀중한 체크리스트를 제공한다.

제품 Product — 무엇을 팔고자 하는가
나는 세 가지의 슈퍼 프리미엄 오트밀 믹스를 팔 계획이다. 디자인에 신경을 써서 세련된 포장에 담아 제공할 것이다. 맛은 건강에 좋으면서도 엄격하지 않고 즐거움을 줬으면 좋겠다. 다른 브랜드에서 팔고 있는 '고결한 척하는' 오트밀보다는 눈길을 끌면서 당 대신 건강에 좋은 내용물을 담고 있는 제품이다.

홍보 Promotion — 브랜드를 고객에게 어떻게 알릴 것인가
기업을 차별화된 방식으로 홍보하는 법은 뒤에서 더 구체적으로 소개할 것이다. 하지만 어디에서부터 차별화를 시도할지 기억해두면 좋다. 당장 오늘 홍보 자료를 주문하거나 디자이너에게 자료의 제작을 의뢰해야 할 수도 있다.

나는 제품을 알리기 위해 동네 가게, 생산자 직거래 장터나 다른 이벤트에서 샘플을 무료로 나눠줄 계획이다. 또한 소매점 판매에 전적으로 기대기보다는 온라인에서 직접 고객을 유치하는 방안도 병행할 예정이다. 내 오트밀 제품은 훌륭한 이야기도 갖췄으니 기사에 실릴 수 있도록 기자들에게 샘플을 보낼 것이다.

장소 Place - 고객들이 어디에서 나를 찾을 것인가

오트밀 믹스를 주로 소매업체를 통해 팔 계획이며 목표는 슈퍼마켓에서 판매하는 것이다. 하지만 우선 동네에 있는 작은 상점에 물건을 공급하겠다. 또 자체 홈페이지에서 고객들에게 직접 판매하면 동네에서 제품을 구할 수 없는 사람들에게도 기회를 줄 수 있다.

가격 Price - 얼마에 팔아야 이익을 낼 수 있는가

이 단계에서는 사업과 관련해 '간단히 계산할 수 있는' 재정 모델을 만들어보면 좋다. 자세하게 숫자를 따지는 일은 시간 낭비. 많은 기업인들은 3년, 5년, 심지어 10년 후 사업을 어떻게 예측하는지 재무제표 항목별로 방대한 재정 모델을 만든다. 나도 한때는 그랬다. 이런 복잡한 모델은 검증되지 않은 가정에 근거한다는 문제가 있다. 가정은 늘 일부분이라도 빗나가기 마련이며 현실은 머릿속 가정보다 더 거칠며 시간도 오래 걸린다. 게다가 사업은 순식간에 커지는 경우가 많은데 그러면 재정 모델은 며칠 만에 무용지물이 된다.

그렇다면 사람들은 왜 복잡한 재정 모델을 만들까? 아마 은행, 투자자와 국가기관에 우리가 전문가라는 그릇된 인상을 줄 수 있는 가장 그럴싸한 방법이기 때문이리라. 당연히 우리는 전문가가 아니며 스타트업 경영자 그 누구도 전문가가 아니다. 그저 수많은 가정에 근거해 아이디어를 실현시키고 있을 뿐이며 가정의 8할이 낙관적이기까지 하다.

그렇다면 어떤 재정 모델이 실제로 유용한가? 모든 문제는 결국 제품을 얼마에 팔아야 이익을 낼 수 있느냐 하는 단순한 질문으로 귀결된다. 만약 그 가격이 고객이 기꺼이 지불하려는 수준보다 높으면 제품이나 모델을 변경해 합리적인 가격에 맞춰야 한다. 단순하게 들리지만 가격정책이야말로 제대로 따져야 할 문제다. 가격을 제대로 정하면 그다음에는 일이 저절로 풀린다.

중간지대에 있는 기업은 위험하다

제품 가격을 정하는 것과 관련해 나의 중요한 지론을 공유하고 싶다. 물론 내 생각이 모든 기업과 시장에 맞지는 않을 것이다. 하지만 제품 가격을 정할 때 모든 기업인들이 생각해봐야 할 문제임에는 틀림없다.

과거에는 중간지대를 공략한 기업이 세계적으로 가장 성공을 거뒀다. 하지만 세상이 바뀌었고 오늘날 가장 성공한 기업은 이런 전략을 쫓지 않는다. 20세기에는 경주에서 중간을 노린 기업이 성장하고 부를 거머쥐었다. 맥도날드McDonald's, 켈로그Kellogg's, 하인즈Heinz를 떠올려보라. 부유한 사람이든 가난한 사람이든 상관없이 거의 모두가 살 만한 제품을 만들었다. 이들은 아주 비싸지도, 아주 싸지도 않은 물건을 만들었다.

그런데 21세기에는 중간지대를 이미 성공한 기업이 차지한 지 오래다. 중간시장은 경쟁이 치열하기 때문에 신생 브랜드가 성공하려면 양 극단을 노릴 수밖에 없다. 대형 브랜드보다 싸게 파는 저가 브랜드를 표방하든지, 보다 많은 것을 제공해 고객들이 강한 애착을 느낄 수 있는 고급스러운 제품을 만들어야 한다.

양 극단에 성장 기회가 집중되면서 중간지대에 있는 기업은 성장이 기우는 추세다. 지난 10년 동안 세계적으로 빠르게 성장한 기업은 적당한 가격대의 제품을 만드는 기업이 아니라 매우 싸거나 매우 비싼 제품을 만드는 기업이었다.

유럽의 저가항공사 라이언에어나 미국의 사우스웨스트 항공South-west Airlines, 영국의 SPA브랜드 프라이마크Primark, 초저가 소매업체인 영국의 파운드랜드Poundland와 독일의 알디Aldi, 우버Uber, 아마존이 지난 10년 동안 얼마나 눈부시게 성장했는지 생각해보라. 시장에서 가장 저렴한 브랜드를 만들면 주변을 아예 평정할 수 있다. 단순히 저가의 전략으로 기존 시장을 완전히 뒤엎을 수 있는 것이다. 물론 앞서 소개한 기업이 염가 전략만 쓴 것은 아니지만 저가를 무기로 세우지 않았다면 성공하지 못했을 가능성이 크다. 저가 전략을 쓰면 벌어들이는 돈을 투자에 지출해 가격을 더 낮출 수 있다. 다른 경쟁자가 나타나서 시장에 끼어들기 어려운 선순환 구조가 형성된다.

저가 전략의 반대편에는 애플, 네스프레소Nespresso, 호주의 화장품 브랜드 이솝Aesop, 이노센트 스무디, 테슬라Tesla 등이 있다. 속해 있는 시장에서 가장 비싼 제품을 팔아서 성공할 수도 있는데 이들은 대범하게도 다른 경쟁사보다 훨씬 비싼 가격에 제품을 내놓는다.

고가 전략을 쓰기로 선택했다면 '우리가 최고'라는 영역에 깃발을 꽂은 셈이다. 그 영역에 들어서면 마케팅과 제품 개선에 투자할 수 있는 충분한 이익을 내서 선두 지위를 굳힐 수 있다. 그러면 다른 경쟁자가 나타나 경쟁하기는 어려워진다.

전 세계적으로 빈부격차가 심화되고 있다. 시장은 양극화되고 중산층은 쪼그라드는 추세다. 점점 많은 사람들이 허리를 졸라매는 가운데 부유층 소비자들도 더 늘고 있다. 소득 불균형이 확대된다는 말은 곧 할인 브랜드 시장이 커지는 동시에 사치품 시장도 커진다는 뜻이다.

어떤 전략을 고르든 그 시장에서 가장 싸거나 가장 비싼 제품을 주저 없이 내놓으라. 남들이 다 가는 길 한복판보다 가장자리가 훨씬 안전하다.

가격 책정

첫째 날, 오전 11시 32분

짐작하겠지만, 나는 저가가 아닌 프리미엄 제품을 만들어 오트밀 시장에서 가장 높은 가격대의 브랜드를 선보이기로 결심했다. 먼저 슈퍼마켓 진열대에 어떤 제품이 있는지 살펴야 했다. 마트에서 중량별 가격을 기준으로 가장 비싼 브랜드는 네이처스 패스Nature's Path로 마침 인기도 제일 좋았다. 다양한 맛을 여러 팩에 담아 제공했으며 100그램당 가격은 1.12파운드(약 1,700원)였다. 나의 오트밀은 높은 가격을 정당화할 만큼 품질이 좋기 때문에 네이처스 패스보다 10퍼센트 비싼, 100그램당 1.23(약 1,800원)파운드로 정했다. 최종 가격은 가장 성공한 브랜드와 비슷하게 한 팩당 3파운드(약 4,500원)가 적당했다. 다시 말해, 완제품의 중량은 250그램이 될 것이다.

문제는 3파운드에 팔면서 이윤을 낼 수 있느냐다. 이제는 250그램에 3파운드를 받고 팔았을 때 모든 비용을 빼고도 이익을 낼 수 있는지 계산해본다. 이익이 안 남으면 제품이나 사업 모델을 바꿔 이익이 나게 만들어야 한다. 궁극적으로 제품을 홈페이지뿐 아니라 상점에서도 판매할 계획이니 채널별로 비용을 나눠봤다.

상점에서 판매

첫째 날, 오전 11시 38분

우선 상점에서 제품판매에 얼마를 요구하는지 파악해야 한다. 대부분의 경우 30~50퍼센트다. 여러 요소에 따라 달라질 수 있지만 여기에서는 소매업체가 제품판매액의 40퍼센트를 요구한다고 가정해보겠다.

소비자 가격	3.00파운드
− 소매업체 마진(40퍼센트)	1.20파운드
소매업체 공급가	**1.80파운드**

다행히 오트밀에는 판매세VAT가 붙지 않는다. 만약 붙는다면 판매했을 때 정부에 세금을 내고 얼마가 남는지 알기 위해 판매세를 제해야 한다. 이 경우에 판매세가 20퍼센트라면 1.80파운드에서 36펜스를 제한다.

제품을 만드는 데 드는 원가는 쉽게 추정할 수 있는 몇 가지 항목으로 나눌 수 있다. 온라인에서 대용량으로 구매할 때 가격이 어떻게 되는지 금방 확인할 수 있다. 이는 대략적이어도 괜찮다.

귀리	0.35파운드
말린 과일/견과류/초콜릿	0.25파운드
원통형 포장	0.45파운드
포장에 드는 인건비	0.15파운드
플라스틱 뚜껑	0.05파운드
+ 라벨 인쇄	0.05파운드
제조 원가	**1.30파운드**

대략 계산하니 상점에서 팔 때 제품 하나당 50펜스(0.5파운드)가량,

즉 소매업체 공급가격의 30퍼센트 정도의 이익이 예상된다. 대단한 이익은 아니지만 시간이 지날수록 일부 원가를 줄일 수 있다고 가정하면 괜찮은 사업이다.

기업마다, 제품마다 상황이 다르지만 소매업체를 거쳐 식품을 판매하는 사업에서는 대체로 최소한 40퍼센트의 총이익을 기대할 것이다. 초기에는 앞서 계산한 것처럼 30퍼센트 정도로 이익률이 낮지만 판매량이 늘면 원가가 절감되면서 이익률도 상승할 수 있다. 이런 탄탄한 이익구조로는 할인 행사를 진행할 수도 있고 매출을 늘리기 위해 광고에 투자할 여력이 생긴다.

홈페이지에서 판매 〈 첫째 날, 오전 11시 50분

소매업체에서 판매하는 것과 더불어 자체 홈페이지에서 고객에게 직접 오트밀을 판매할 생각이다. 홈페이지는 가장 좋은 채널이 될 수 있다. 소매업자에게 제품을 팔아달라고 설득할 필요도 없고 고객과 직접 접촉해 의견을 들을 수도 있다. 게다가 누구와도 이익을 나눌 필요가 없다!

홈페이지에서 팔 때 소비자 가격은 오프라인과 동일한 3파운드로 정했다. 홈페이지에서 판매하는 것은 소매업체와 매출을 나눌 필요는 없지만 스트라이프Stripe, 페이팔Paypal이나 고카드리스GoCardless 같은 카드 정보 처리업체에 판매량에 따라 1~4퍼센트 정도 소액의 수수료를 내야 하고 배송료도 부담해야 하기 때문이다(KG이니시스를 통해 페이팔, 알리페이 등 해외결제 서비스를 사용할 수 있다. 국내에서는 아이엠포트 iamport라는 서비스가 개발사들의 서비스와 전자지급결제대행PG, payment gateway 회사의 연동을 손쉽게 지원해준다.—감수자).

　일반적으로 온라인 상점은 고객이 일정 수준 이상을 구매하면 무료로 배송하는 정책을 쓴다. 고객이 세 팩 정도 소량 구매할 생각인 경우 비싼 배송료 때문에 구매를 미룰 수도 있다. 배송료 수준은 2파운드(약 3,000원)로 정했고 25파운드(약 3만 8,000원) 이상 주문하면 무료로 배송할 예정이다. 아래에서 구체적으로 살펴보겠다.

◆ 고객이 세 팩을 주문하는 경우

소비자 가격(3파운드×3팩)	9파운드
+ 배송료	2파운드
총 매출	**11파운드**

제품 원가(1.30파운드×3팩)	−3.90파운드
우편요금	−3.00파운드
결제처리 수수료(4퍼센트)	−0.44파운드
+ 택배상자	−0.30파운드
총 원가	**−7.64파운드**

총 매출 11파운드 − 총 원가 7.64파운드
= 총 이익 3.36파운드(30퍼센트)

위에서 보듯 매출을 소매업자와 나누지 않더라도 배송료를 자가 부담하면 이익률은 온라인이나 오프라인이나 거의 같다. 참고로 가벼운 물건을 배송할 때의 우편 요금은 우체국에서 운임을 확인해보자. 무게가 무거운 경우 온라인 화물업체에서 저렴한 택배를 찾아본다.

이처럼 '간단한' 계산으로 오트밀 가격을 3파운드로 정하면 이익이 난다는 확신이 들었다. 이제 남은 고려사항은 어떤 고정비를 지출해야 하는가이다. 기업을 운영하는 데 어떤 지출이 필요할까?

고정비

첫째 날, 오후 12시 30분

고정비용을 충당할 정도의 제품을 판매할 수 있을지 간단하게 확인해볼 필요가 있다. 다시 말해 1년 정도의 운영비를 계산해보고 모든 비용을 감당할 정도로 총 이익을 내려면 물건을 얼마나 팔아야 하는지 가늠하는 작업이다. 팔아야 할 물량이 지나치게 많으면 제품이나 사업 모델 일부를 다시 고려해야 한다. 이 부분에서는 기업마다 상황이 천차만별이다. 어떤 기업은 점포나 푸드트럭 임대료, 기타 굵직한 간접비를 고려해야 한다. 오트밀 사업의 경우 고정비가 꽤 제한적이다. 내가 투자할 항목은 다음과 같다.

브랜드와 라벨 작업을 할 디자이너 고용   500파운드

제품 개발과 사진 촬영   500파운드

홈페이지 템플릿 구입   150파운드

+ 홍보 자료 제작	150파운드
총합	**1,300파운드**

첫 번째 오트밀 제품에 들어가는 원재료와 포장 구입에 200파운드를 지출할 수 있다. 사업 시작에 1,300파운드를 투자하고 소매업체에 정가로 판매하며 제품 한 팩당 1.30파운드의 원가가 든다면 1,000팩을 팔아야 이익도 손해도 아닌 상태가 된다(1,300파운드/1.30파운드). 1,000팩 이상을 팔아야 비로소 이익이 남는 구조다. 다행히 달성이 불가능해 보이는 숫자는 아니어서 온라인과 오프라인에서 팔아보기로 계속 추진한다.

제품 만들기

작게 시작하고
빠르게 실행하라

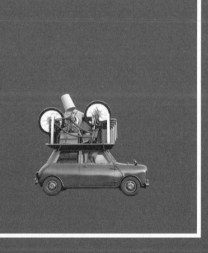

실제 제품을 판매하든 서비스를 제공하든 어떤 방식을 택할지는 각자 결정할 문제다. 이 단계는 당신의 아이디어에 상당 부분이 달려 있기 때문에 단계별로 세세히 안내를 하기는 어렵다. 그렇긴 해도 제품을 생산하는 여러 방안에 대해 몇 가지 요령과 정보를 제공할 수는 있다.

직접 만들기

최선을 다해 뭔가를 실제로 만들면 성취감을 충분히 느낄 수 있다. 컴퓨터 화면과 디지털 다운로드에 익숙해지면서 우리는 물리적으로 뭔가를 만드는 것에서 무척 멀어졌다. 그 때문인지 만족감을 찾아 도시에서의 번듯한 일자리를 제 손으로 그만두는 사람들을 매주 마주친다. 실직자들은 베이킹, 공예, 양조, 조각, 그림 그리기 등 눈과 손을 쓰는 작업으로 멋진 제품을 만들기 시작한다. 이 책을 읽고 있는 많은 사람들도 자기 솜씨를 직업으로 전환하는 꿈을 꿀 것이다.

그런데 아무리 사람들이 수공예 작품을 좋아해주고 찬사를 보내더라도 그 제품을 직접 상업화시키기까지는 갈 길이 멀다. 경쟁력 있는 가격에 판매할 수 있도록 집에서 제품을 신속하고 저렴하게 제작할 수 있는지 우선 확인해야 한다.

수제품에 가격을 매길 때는 제작에 들인 시간에 최소한 어느 정도의 가치를 부여해야 한다. 그렇지 않으면 진정한 의미에서 사업을 한다고 볼 수 없다. 식료품을 만드는 경우에는 식품 위생 인증을 받아야 한다. 지역 정부기관에서 조리시설 검사도 받아야 한다.

대부분 제품의 경우 법적으로 유통기한, 세척 방법, 원산지표시 등을 포장에 표시해야 한다. 경쟁사도 법을 지키고 있을 테니 포장에 어떤 정보를 표시하고 있는지 확인하면 간단하게 해결된다. 지역 규제 당국에 관련 정보를 확인할 필요가 있다. 영국에서는 지방의회의 상거래표준부TSD에서 확인하라(한국에서는 식품의약품안전처 ─ 옮긴이).

엣시에 상점을 개설하라

핸드메이드 용품을 파고 살 수 있는 온라인 마켓 엣시_{Etsy.com}(국내에는 아이디어스_{idus.com}라는 곳이 있다.—감수자)는 사람들이 일터를 박차고 나와 바느질, 뜨개질, 보석 세공 등 공예를 선택하도록 혁신을 일으킨 주역이다. 수공예품의 이베이라 부를 수 있는 엣시는 수공예를 하는 사람이라면 누구나 즉시 가게를 내서 전 세계 고객에게 제품을 팔 수 있도록 해준다. 엣시에서의 물건 판매가 수입의 전부나 거의 대부분인 사람들이 많기는 하지만 대다수는 부업으로 이용하고 있다. 혹시 수공예품을 만든다면 전체 사업계획의 일부로 엣시에 상점을 개설하는 방안을 강력하게 추천한다.

첫 단계, 시제품 제작

제품을 만들 때 첫 번째 할 일은 잠재고객에게 선보일 수 있도록 기능을 완전히 갖춘 시제품을 만드는 것이다. 식료품이라면 이미 제조해본 제품의 일부를 대량 주문을 받기 위한 샘플로 활용하는 경우다. 일이 잘 진행되면 나중에 제조를 아웃소싱할 수도 있다.

메이커 스페이스

의자든, 보석이든 시제품을 만들 기회를 메이커 스페이스Maker Spaces 에서 마련할 수 있다(성수 메이커스페이스makers.sba.kr, 무한상상실www.ideaall. net, 테크샵코리아, SK fablab 등이 있다.—감수자). 전 세계 많은 도시에 시간제로 빌릴 수 있는 작업장이 있다. 작업장에는 제품을 직접 제작하는 데 필요한 모든 도구가 마련돼 있을 것이다.

3D 프린팅

현재 IT에서 가장 관심이 뜨거우면서도 화제가 되고 있는 분야가 3D 프린팅이다. 프린팅 도구와 화학물질의 가격은 점점 떨어져서 접근성도 높아지고 있다. 이에 따라 앞으로 많은 제품이 3D로 인쇄되겠지만 지금 단계에서는 시제품 제작 정도가 경제적으로 현실적이다. 구글을 검색하면 디자인 파일을 비교적 저렴한 가격에 3D 프린팅해주는 기업이 많이 나온다.

디자인 재능 하나로 사업하려 한다면

그래픽 디자인에 재능이 있고 재치 있는 표현법을 알거나 특정 주제로 브랜드를 만들고 있다면 다양한 잡화를 주문형으로 제작하는 서비스를 시작할 수 있다. 티셔츠, 머그잔, 스티커, 모자, 가방, 카드, 포스터, 아이폰 케이스 등은 개별적으로 디자인을 손쉽게 입힐 수 있는 제품이다.

재즐 Zazzle, 카페프레스 CafePress, 에버프레스 Everpress, 머치파이 Merchify, 스프레드셔츠 Spreadshirt 등이 제공하는 플랫폼(국내에는 컨티뉴 CONTEE-NEW 등이 있다.—감수자)을 활용하면 온라인 상점을 열어서 이미지를 업로드하는 즉시 다양한 제품에 디자인을 인쇄해서 제공해준다. 제품 가격에 따라 합리적인 수준의 이익을 챙길 수도 있다. 무엇보다 공들여서 공급자를 찾을 필요도 없고 재고를 관리하거나 심지어 주문을 처리할 필요도 없다는 장점이 있다. 제작자는 오로지 브랜드를 만들고 멋진 디자인을 창작하며 더 많은 사람들이 홈페이지에 들를 수 있도록 하는 업무에만 집중할 수 있다. 일단 상점을 만들면 나머지는 알아서 돌아간다. 심지어 디즈니 같은 거대 기업도 재즐에서 일부 캐릭터 상품을 제작하니 얼마나 효과적인 모델인지 알 수 있다.

제조 아웃소싱

'아웃소싱'은 종종 금기어 취급을 받는다. 서양에서는 쓸모없는 것, 동양에서는 노동력 착취의 또 다른 이름처럼 인식되고 있다. 사람들은 아웃소싱이라는 말을 들으면 인도 뭄바이에 위치한 거대한 콜센터를 떠올린다. 열정에 충만한 인도 청년들 수천 명이 코로네이션가에 사는 영국 주부에게 판촉전화를 걸어 새로 나온 휴대전화 구입을 애써 권유하는 모습을 연상하는 것이다.

아웃소싱은 다른 말로 주문생산contract manufacturing이라고도 하는데 '제조자 혁명'의 정반대 개념으로 간주된다. 하지만 내가 경험한 아웃소싱은 좀 달랐다. 사실 대다수의 아웃소싱은 해외로 일을 보내지 않는다. 생산시설을 갖추고 있고 내 제품을 대신 만들어줄 의향이 있는 누군가를 찾는 작업에 불과하다.

아웃소싱을 할 때는 직접 제작할 때보다 더 좋은 제품을 저렴하고 효율적으로 생산할 수 있는 기업을 찾는 일이 가장 중요하다. 사업의 핵심이 무엇인지, 가령 제품 디자인인지 판단해야 한다. 그 핵심 분야에서 나보다 모든 방면에서 뛰어난 기업을 찾아야 한다. 아이디어를 현실화하는 과정에 다른 기업을 포함시키면 공장과 기계에 투자하는 위험을 지지 않으면서도 단기간에 생산규모를 확대할 수 있다.

사실 우리가 매일 구매하는 브랜드의 상당수가 제조를 아웃소싱한다. 브랜드 구축, 마케팅, 신제품 개발에 역량을 집중하는 대신 제조,

보관, 배달 등 부차적인 업무는 다른 기업에 맡기는 것이다.

슈퍼잼의 경우 120년의 전통을 가지고 있으면서 내 아이디어를 신뢰해준 기업을 만난 덕분에 탄생할 수 있었다. 열일곱 살의 나는 잼 공장을 세울 수 없었기에 기존 공장에 가서 나와 손잡고 제품을 대량 생산해달라고 설득할 수밖에 없었다. 스코틀랜드의 작은 섬에서부터 잉글랜드의 대도시에 이르기까지 전국을 돌아다닌 끝에 생산 여력이 있으면서 100퍼센트 과일잼이라는 아이디어를 믿어주는 공장을 찾았다. 몇 달 후에는 내 레시피를 기초로 대량 생산할 방법을 함께 궁리했고 마침내 슈퍼마켓에 공급할 수 있었다.

제품을 대신 만들어줄 곳을 물색할 때 고려할 사항이 몇 가지 있다. 제조업체와의 관계는 전체 사업에서 가장 중요하기 때문에 함께 일할 기업을 제대로 찾아야 한다. 파트너가 실수를 자주 저지르고 납기를 못 맞추고 생산 품질이 나쁘다면 브랜드에 악영향을 미치고 고객 충성도를 깎아먹는다. 공장을 직접 방문해서 제품이 어떻게 생산될지, 비용이 얼마나 드는지, 아이디어를 제품으로 생산하는 과정을 단축시킬 방안이 무엇인지 완벽하게 파악하는 것이 바람직하다.

하지만 48시간 창업 프로젝트는 단기간에 사업을 시작해야 하므로 원칙적으로 첫 물량을 생산하겠다고 약속하는 공장부터 찾아야 한다. 마스터 샘플이나 시제품의 생산을 요청해서 제작되면 홈페이지에 올릴 사진을 촬영한다.

어떤 제조업체를 만나든 가장 큰 장벽은 최소 주문 수량에 합의를 하는 부분이다. 공장 입장에서는 당신의 아이디어를 골칫거리로 여긴다. 공장 관리자들은 새로운 아이디어를 싫어하기 마련이다. 생산하는 도중에 일부를 수정하는 일 없이 가능한 똑같은 제품을 온종일, 매일 만들기를 원하기 때문이다. 반면 당신은 최소 물량만 제작해서 혹시라도 반응이 좋지 않을 제품을 떠안을 위험을 줄이고 싶을 것이다. 공장에서는 최대 물량을 약속받기를 원하므로 최초 생산분은 일단 선불로 지불하고 이후에 더 많은 물량을 주문하겠다고 언급해서 소규모 제작에 합의할 수 있다.

자체 브랜드 생산

아이디어를 제조 라인에 도입하는 가장 단순하고 빠른 방법은 제조 업체의 기존 제품을 자체 브랜드PL, Private Label 생산(제조업체가 아닌 유통업체의 상표를 붙여 판매—옮긴이)하는 것이다. 말 그대로 공장에서 생산된 제품을 구입하지만 당신이 별도로 제작한 포장에 담아서 판매한다.

비타민 보충제나 면도날처럼 널리 사용되는 제품을 판매할 때는 PL 생산이 어렵지 않다. 제품을 생산하는 공장은 이미 슈퍼마켓의 자체 브랜드를 제조해 짭짤한 수익을 보고 있을 가능성이 높다. 다만 PL 제조의 특성상 독특하거나 특별한 제품은 만들 수 없음을 기억해야 한다. 이미 시장의 다른 누군가가 똑같은 제품을 이름만 다르게 붙여서 팔고 있다. 그러므로 고객의 관심을 끌려면 배달이나 브랜딩 측면에서라도 차별화해야 한다.

중국 제조

아웃소싱 제조는 해외 공장과 일할 때 복잡함이 가중된다는 문제가 있다. 간간이 발생하는 언어 장벽의 문제가 있기는 하지만 중국 등에 위치한 공장은 요구사항을 적극적으로 맞춰준다는 이점이 있다. 바로 다음 날 샘플을 보내주는 경우도 일반적이다.

슈퍼잼은 모두 영국에서 만들고 있다. 최소한 식료품의 경우 국내 생산이 최상의 선택일 것이다. 아마 누구나 전 제품이 자기 지역에서 생산되는 세상을 꿈꾸지 않을까. 하지만 이것은 현실적으로 가능하지 않으며 해외 제조를 인정하는 순간 기업가에게는 많은 기회가 생긴다.

사람들이 중국 제조에 대해 논할 때 윤리 문제를 가장 먼저 떠올린다. 특히 공장에서 일하는 근로자들의 노동조건에 대해 우려한다. 중국은 너무나 먼 곳이니 직접 공장을 방문한다는 아이디어는 그리 현실적이지 않다. 하지만 조사를 수행하는 외부 기관에서 받은 평가를 확인할 수는 있다. 공장의 유형별로 평가 내용이 천차만별이지만 공장 측에 인증 레벨에 대한 구체적인 내용을 문의할 수 있다.

알리바바

인터넷 덕분에 세상은 훨씬 가까워졌다. 특히 먼 나라에서 제조 파트너를 구하는 일은 무척 쉬워졌다. 과거에는 브로커, 에이전트, 수입업체, 수출업체, 유통업체, 통역사, 상공회의소, 기타 온갖 중개인이 개입됐다. 지금은 공장을 직접 접촉해 곧바로 협상을 시작할 수 있다.

알리바바 Alibaba.com 는 잠재적인 제조 파트너를 접촉하는 데 활용할 수 있는 가장 크고 쉬운 사이트다. 알리바바의 경우 중국 공장에 강점이 있지만 전 세계 다른 나라의 기업도 많이 찾을 수 있다. 이쑤시개부터 태블릿 컴퓨터에 이르기까지 상상할 수 있는 모든 제품을 생산하는 기업이 나온다.

원하는 제품을 만들고 있는 기업을 찾아 사양을 보내보자. 아마 몇 시간 안에 당신에게 연락이 와서 예상 비용, 샘플 비용, 소요 기간, 배송과 지불 조건을 제시할 것이다. 그중에 가장 마음에 드는 곳을 선택했다면 제품을 복제하도록 샘플을 보내도 좋다. 사양이 매우 구체적인 경우에는 반드시 샘플을 보내 확인한다.

자체 출판을 하고자 한다면

책자를 만드는 경우라면 콘텐츠를 업로드하고 온라인상에서 편집한 후 주문형 인쇄 형식으로 판매하는 자체 제작을 고려할 수 있다. 일단 콘텐츠만 확보되면 거의 즉시 판매가 가능한 책을 만들 수 있는 방법이다.

어떤 사업을 하더라도 책자를 만들 일이 생긴다. 식품을 판매한다면 요리책을 제작할 것이고 여행상품을 판다면 관광지 모습을 담은 화보를 만들 것이다. 게스트하우스를 운영하거나 여행가이드 서비스를 제공한다면 도시 정보를 담고 있는 가이드북을 만든다.

사람들은 책을 신뢰하는 경향이 있다. 저자가 흥미로운 이야기 거리를 가지고 있다고 믿으며 그 저자가 쓴 책은 복잡다단한 편집을 거친 결과물이라고 생각한다. 또한 사람들은 책을 잘 버리지 않는다. 그렇기 때문에 책은 강력한 마케팅 도구다.

블러브

블러브 Blurb.com는 내가 가장 좋아하는 자체 출판 사이트로 환상적이고 질 좋은 책을 뚝딱 만들 수 있게 도와준다(주문출판, 자비출판 등으로 검색하면 다양한 사이트를 찾을 수 있다. 북램 book.co.kr, 책수레, 프린트모아 등이 있다. —감수자). 완성도가 아주 높아 요리책, 사진집, 가이드북, 아동서 제작에도 적합하다. 하지만 품질이 높으면 가격도 비싸기 마련이다. 블러브에서 만든 책은 정가가 워낙 비싸서 그 자체를 제품으로 쓰기는 어렵고 소규모 프로젝트, 제품 소개 책자로 활용하는 편이 적합하다.

아마존 크리에이트스페이스

방대한 양의 책을 판매하는 아마존을 활용해 작품의 출판 가능성을 크게 높일 수 있다. 아마존 크리에이트스페이스Amazon Createspace의 시스템을 활용하면 주문형 인쇄 서적이나 전자책eBook 형태로 쉽게 출판할 수 있다. 아마존은 판매부수별로 로열티를 지급하는데 일반적으로 한 부당 저자에게 돌아오는 돈이 기존 출판사와 비교해 훨씬 많다.

물건을 만들지 않으면서 사업하는 방법

자체적으로 물건을 만들지 않으면서 다른 사람들에게 서비스를 제공하는 제3자 배송방식으로 소매업체 역할을 할 수도 있다. 제품 카탈로그를 온라인에 올려 고객의 주문을 받고 그 주문을 곧바로 제조업체에 전달하면 재고를 보유할 필요가 없다. 판매가격에서 제조업체에 지불하는 금액을 빼면 중개인 몫의 이익이 남는다. 이런 과정을 물류 대행 서비스brop shipping라고 한다. 판매할 물건을 잘 고르기만 한다면

154

효율적인 모델이다.

예를 들어 현지 음식을 홍보하는 사이트를 만드는 경우를 생각해보자. 일단 홈페이지를 만들어 지역의 생산자 직판장에 판매되는 물건을 올려놓는다. 주문이 들어오면 생산자가 고객에게 배달하도록 내용을 전달한다. 생산자 입장에서는 직접 온라인에서 물건을 팔지 않아도 추가 매출이 발생하니 만족할 것이다.

모바일 기반의 서비스

휴대전화의 인터넷 트래픽이 데스크톱 컴퓨터를 앞지른 지 오래다. 그러니 모바일 위주로 사업계획을 세우는 방안은 설득력이 있다. 이미 딜리버루Deliveroo, 우버, 와이플랜YPlan, 호텔투나잇HotelTonight 등이 모바일을 기반으로 배달, 차량 예약, 이벤트 큐레이션, 호텔 예약의 서비스를 제공해 대대적인 성공을 거뒀다.

모바일을 활용하려면 우선 아이디어에 실제로 앱이 꼭 필요한지 자문해야 한다. 모바일에 최적화된 웹사이트가 앱보다 고객의 관심을 더 끌지는 않는가? 고객이 앱을 (무료나 유료로) 다운로드해야 한다면 홈페이지를 제작할 때와 마찬가지로 몇 가지 옵션이 있다. '마우스 클릭'으로 손쉽고 간편하게 앱을 만들 수 있는 툴을 직접 활용하거나 개발자를 고용해 맞춤형 앱 제작을 맡기는 방안이 있다.

잡지는 콘텐츠가 생명

인쇄 잡지에는 형언할 수 없는 아름다움이 있다. 잡지는 누군가가 특정 분야에 대한 소식을 시간을 들여 한데 모은 결과물이다. 비어52의 《퍼먼트》를 발간하면서 우리는 저예산으로 고품질의 출판물을 펴내는 노하우를 많이 얻었다.

사실 잡지 사업 자체로는 이익을 내기가 극히 힘들다. 그렇더라도 독자층을 충분히 확보하면 구독료, 광고, 후원, 라이브 이벤트와 광고 파트너 등으로 돈을 벌 수 있다.

잡지가 성공하려면 좋은 콘텐츠부터 찾아야 한다. 누구나 글을 쓰고 싶은 특정 관심 주제가 있을 것이다. 기고자, 사진작가, 잡지의 비전을 믿고 초기에 발행이 이어지도록 콘텐츠를 무료나 저렴한 가격에 제공할 사람들을 찾는 작업은 전적으로 당신의 몫이다. 처음에는 제한적인 독자층을 겨냥해 저예산으로 혼자 콘텐츠를 만들더라도 품질만큼은 가능한 최고로 제작해야 한다. 사람들이 실제로 구독을 원하고 친구들에게 소개하거나 광고를 실을 수 있도록 만들어야 한다.

창간호의 인쇄비용을 마련하기 위해 잡지의 비전을 신뢰하는 사람들에게 연간 구독권을 판매하는 방법이 있다. 적당한 금액을 투자해 당신이 아이디어를 실현시킬 수 있도록 기꺼이 도울 의사가 있는 사람들을 찾아야 한다. 새 출판물의 '창간 회원'이 되는 일에 가치를 부여하는 사람이 꽤 많다는 사실을 알면 놀랄 것이다. 창간 회원들이 특별한 대접을 받고 있고 발행자의 흥미진진한 여정에 참여하고 있다는 만족감을 선사해줘야 한다.

48시간 창업 프로젝트에서는 앞으로 잡지가 어떤 모습을 갖출지 맛보기를 보여주는 게 목표다. 그 맛보기를 토대삼아 구독이나 예약 주문을 받을 수 있다. 앞서 말한 블러브 등과 같은 채널에서 말이다. 많은 업체들이 제공하는 주문형 인쇄 서비스를 활용해보라. 잡지가 성공할지 여부를 가늠할 수 없는 단계에서 수천 부를 찍느라 거액을 지출해야 하는 부담이 없다. 게다가 서비스 업체가 제공하는 특허 소프트웨어를 활용하면 잡지의 디자인, 편집, 레이아웃을 무척 쉽게 할 수 있다. 주문이 들어오면 서비스 제공자가 알아서 잡지를 인쇄해주니 정말 편리하다.

《퍼먼트》를 발행하면서 사진이 잡지의 질을 높이는 데 얼마나 결정적인 역할을 하는지 확실히 깨달았다. 멋진 사진을 스스로 촬영할 수 없다면 능력이 출중한 전문가를 영입해야 한다.

서점에서 잡지를 판매하려면 영국에서는 영국도서관British Library, 다른 나라에서는 이와 유사한 기관에 국제표준 연속간행물 ISSN 번호를 등록해야 한다(한국은 국립중앙도서관—옮긴이). A4 등 표준 크기로 출판물을 제작하면 인쇄단가를 낮출 수 있다.

잡지의 주요 수익원은 광고다. 하지만 새로 나온 잡지가 광고를 유치하기란 쉽지 않다. 선호하는 브랜드에 무상으로 광고 공간을 제공하는 방법도 있다. 그러고 나서 다른 브랜드에게 "보세요, 우리 잡지에 대단한 브랜드가 광고를 합니다"라고 소개한다. 유료 광고주에게 잡지에 대한 좋은 인상을 남길 수 있고 광고 매출을 단기간에 끌어올릴 수 있는 방법이다.

잡지를 만들든 다른 형태의 인쇄 책자를 제작하든 어도비 인디자인Adobe InDesign을 쓰길 권한다. 한 달은 무료로 사용 가능하며 무료나 유료로 제공되는 템플릿template을 다운로드하면 유용하다. 템플릿에는 미리 디자인된 잡지나 브로셔 레이아웃이 있는데 이를 활용해 자신이 원하는 이미지와 글을 손쉽게 입힐 수 있다. 디자인에 별다른 재주가 없어도 관심 있는 주제를 요리해 잡지로 만들고 발행인이 될 수 있다.

유튜브로 돈 벌기

수많은 사람들이 자기가 만든 콘텐츠를 유튜브YouTube에 업로드해 수익을 올린다. 영상에 프리롤pre-roll(동영상을 재생하기 전에 광고를 삽입하는 방식—옮긴이)이나 링크 광고를 끼워 넣으면 사람들이 영상을 볼 때마다 얼마간의 돈을 벌 수 있다. 베이킹에 대한 열정이 있다면 무료 온라인 튜토리얼을 제작해서 수익을 남길 수 있다.

기가 막힌 오트밀 제품 만들기

제품 개발자 섭외
첫째 날, 오후 12시 45분

오트밀 제품의 아이디어를 꽤 구체화시켰지만 내가 셰프는 아니기 때문에 전문가에게 조언을 받을 필요가 있었다. 그래서 나의 기초적인 아이디어를 완성도 높고 맛좋은 제품으로 탈바꿈시켜줄 '푸드 디자이너'를 찾아봤다. 오트밀은 세상에서 가장 매력적인 음식에 속하지 않으므로 프리미엄 오트밀 브랜드를 만들려면 셰프의 도움을 받아 눈길을 끄는 이미지를 만들어야 한다.

그러다가 적임자를 발견했다. 런던에서 활동하면서 데드헝그리 DeadHungry.co라는 스튜디오도 운영하고 있는 푸드스타일리스트 알렉산드르 파가넬리 Alexandre Paganelli다. 파가넬리는 탁월한 셰프이면서 재능 있는 사진작가여서 오트밀 제품을 완성시키고 홈페이지용 사진 촬영에 도움을 줄 수 있었다. 그는 고도로 미니멀한 스타일을 추구하면서 군침 도는 사진을 찍는 재주가 있었다. 파가넬리 덕분에 오트밀은 구미를 자극하는 흥미로운 음식으로 재탄생할 것이다.

파가넬리에게 프리미엄 오트밀 믹스의 개념을 설명하자 그날 당장 레시피를 개발하고 이튿날 완성품을 촬영하겠다고 말했다. 오트밀을 단기간에 변신시키는 작업이 쉽지 않음에도 그는 기꺼이 도전하기로 결정했다.

'48시간 푸드스타일리스트'의 도움을 받으면 오트밀 믹스를 다양

하게 구성할 수 있을 것이다. 맛이 좋으면서도 건강한 탐닉이 가능하다고 홍보하려면 천연재료를 써야 한다. 나는 믹스가 잠재고객에게 친근하게 다가가면서도 여러 사람의 입맛에 맞게 다양한 맛을 갖춰 주류로 발돋움하기를 바랐다.

시제품 조사 첫째 날, 오후 1시 5분

맛

- 다크 초콜릿, 오렌지 껍질, 헤이즐넛
- 땅콩, 바나나, 치아씨드
- 사과, 건포도, 시나몬, 피칸

동네 슈퍼마켓의 점원과 이야기를 나눠보고 성공한 경쟁자들을 살펴본 결과 브랜드의 성공 여부에 프리미엄 포장 디자인이 지대한 역할을 한다는 결론을 내렸다. 또한 점원은 포대 대신 튼튼한 재질로 포장하라고 조언까지 해줬다.

포장 전문 블로그인 더다이라인에서 미국의 오트밀 제품 포장을 둘러보다가 많은 브랜드가 화려한 원통형 포장에 금속 재질의 뚜껑을 씌운다는 사실을 발견했다. 내 오트밀 제품에 딱 맞는 포장이었다. 게다가 영국의 경쟁 브랜드는 평범한 상자형 포장 일색이라 진열대에서 단연 돋보일 것이다.

포장 업체 섭외

구글 검색으로 원통형 포장을 전문으로 하는 영국 기업 비시칸Visican을 발견했다. 나는 그 업체에 현재 긴급한 제품 개발 프로젝트를 진행 중이라는 이메일을 보냈다. 이메일에는 향후 슈퍼마켓에도 제품을 공급할 계획이 있으며 포장 샘플을 보내주면 첫 번째 물량에 활용할 수 있으리라는 내용을 썼다.

이메일을 보낸 지 얼마 지나지 않아 비시칸에서 재고로 보유하고 있는 포장을 보내주겠다는 답장이 왔다. 또한 본격적으로 제품생산에 들어갈 때 참고할 수 있도록 원통형 포장의 견적도 같이 보내줬다. 포장은 내일 배송될 예정이고, 푸드스타일리스트 파가넬리는 일부 레시피의 테스트를 마쳤다. 내일 완성품을 판매할 수 있도록 모든 준비가 착착 진행되고 있었다.

가정집에서 음식료 브랜드를 시작하는 방법
산도스 콜드브루 커피

런던에서 인기를 끌고 있는 찬물로 장시간에 걸쳐 우려낸 콜드브루 커피 cold brew coffee 회사인 산도스 Sandow's 의 창립자 휴 더피 Hugh Duffie 와 루크 서더드 Luke Suddards 를 만날 기회가 있었다. 그들은 미국에서 콜드브루 커피가 유행하는 것을 목격하고 산도스를 설립했는데 셀프리지 Selfridges 백화점과 막스앤스펜서 Marks & Spencer 를 비롯해 런던 전역에 매장을 냈다. 처음에는 자신들이 사는 아파트에서 콜드브루 레시피를 직접 개발하며 작은 규모로 시작했다고 한다. 커피를 내릴 때마다 친구와 가족들에게 시음을 시켰다. 그러다 반응이 좋은 레시피를 발견하자 100병에 담아 멋있게 포장한 뒤 존경하던 업계 전문가들에게 선물하며 피드백을 구했다. 더피와 서더드는 전문가들이 긍정적인 반응을 보여주면 전업으로 일하기로 약속했다. 선물을 받은 사람들이 커피와 포장을 크게 칭찬하자 고무된 두 사람은 콜드브루 커피 사업 아이디어를 발전시키기로 결심했다. 그들은 팟캐스트 쇼에 나와 가정에서 전문가의 손길이 느껴지는 브랜드를 만들려는 사람들에게 훌륭한 조언을 줬다.

"포장이 법에 저촉되지 않는지 확인해야 하고 주소와 중량도 표기해야 합니다. 조금만 조사해보면 어떤 내용을 포함시켜야 하는지 알 수 있어요. 이에 더해 브랜드의 어떤 면을 사람들에게 보여주기 원하는지가 더 중요합니다. 우리는 다양한 디자인과 브랜드 이름까지 시험해봤어요, 그러다 마침내 지금 쓰고 있는 디자인과 이름을 결정했죠."

48-HOUR START-UP

제5장

강렬한 브랜드 만들기

당신의 스토리는
무엇인가

책 앞머리에서 '차별화 지점이란 없다'라고 천명한 적이 있다. 이제껏 세상에 나온 적이 없는 새로운 제품을 만들 가능성은 사실상 없다는 의미에서 한 말이다. 그렇더라도 기업의 이야기, 정신, 궁극적으로 문화는 온전히 당신만의 것이다.

슈퍼잼 회사를 창립했을 때를 돌아보면 브랜드야말로 내가 가졌던 전부였다. 내겐 공장도 없었고 레시피도 천연 재료에 단순해서 누구라도 만들 수 있었다. 그러니 특별히 언급할 영업비밀이라거나 특허도 없었던 셈이다.

이 책에서 내가 주장한 방식으로 기업을 만들면 궁극적으로 브랜드만 소유할 가능성이 높다. 자체 제조시설이나 팀을 꾸리는 대신 다른 기업이나 프리랜서에게 기업의 많은 기능을 아웃소싱할 것이다.

따라서 앞으로는 브랜드 구축에 도움이 되는 방향으로 모든 결정을 내리고 실천을 해야 한다. 제품, 홈페이지, 마케팅 등이 모두 환상적으로 보여야 한다는 사실은 매우 중요하며 특히 온라인으로 사업을 할 때는 더더욱 그렇다. 고객들이 제품의 품질을 판단할 수 있는 유일한 방법이란 눈으로 구경하는 것뿐이다. 맛을 볼 수도, 냄새를 맡을 수도, 대화를 나눌 수도 없다. 식품사업이라면 외관이 전체적인 성공 여부를 판가름할 정도로 중요하다. 병 안에 든 잼이 얼마나 좋은지 상관없이 겉모습이 좋아 보이지 않으면 누구도 진열대에서 꺼내지 않는다는 사실을 깨달았다.

웨이트로즈 바이어를 두 번째로 방문했을 당시 광고 에이전시와 슈퍼잼 브랜드 작업을 하고 있었다. 우리는 슈퍼잼과 슈퍼맨 사이에 연관 고리가 있다고 생각해서 만화책 콘셉트로 포장을 만들기로 했다. 라벨과 뚜껑도 농담과 말장난으로 꾸몄다. 사람들이 포장을 보면 배꼽을 잡고 웃을 것이고 그러면 제품을 구매할지도 모른다고 생각했던 것이다. 나는 코스튬 등 모든 것을 갖춰 입은 슈퍼히어로 잼보이Jam Boy가 돼야지!

그러나 바이어들은 우리 아이디어에 별다른 관심을 주지 않았다. 포장은 사람들을 웃기기 위해서가 아니라 메시지를 전달하기 위해 존재한다고 지적할 뿐이었다. '왜 사람들이 이 제품을 사야만 하는가' 하는 기초적인 질문에 대답해줘야 한다고 설명했다.

나를 비롯한 10대 친구들은 여전히 만화책 아이디어가 더 와닿았지만 슈퍼마켓 바이어의 조언을 따르기로 했다. 그래서 앞서 만든 디자인은 폐기하고 처음부터 다시 시작했다. 포장 디자인과 씨름하는 동안 내 나름대로 포장이 멋있어 보이는 몇몇 기업에 조언을 구하는 편지를 썼다. 그들은 나와 전혀 다른 제품을 만들었지만 포장에 영감이 넘쳤고 성공 과정에서 배울 만한 교훈도 있었다.

내가 도움을 얻은 브랜드 중에 메소드Method를 소개하고 싶다. 메소드는 청소용품을 만드는 미국 기업인데 이 회사 덕분에 난생 처음으로 청소용품에 관심이 생겼다. 메소드는 디자인이 형편없어서 사람들이 부엌 개수대 밑에 처박아놓고 잊어버리는 화장실 세정제 분야에 혁신을 불러일으켰다. 그들은 역발상을 해서 그 자체로 눈길을 끄는 청소용품을 만들었다. 집에 손님이 왔다는 이유로 치우지 않아도 될 디자인이었다. 메소드의 성공을 보면서 어떤 제품을 만들더라도 디자인이 훌륭하고 접근법이 신선하면 멋져 보인다는 사실을 깨달았다.

내게 영감을 준 또 다른 브랜드는 그래놀라와 뮤즐리 제품을 만드는 영국 기업 도싯시리얼이다. 새 아이템이 오트밀이라는 점에서 더욱 관심이 가는 브랜드다. 도싯시리얼의 포장은 단순 그 자체다. 색상은 한두 가지만 쓰고 꼭 필요한 정보만 표시한다. 최대한 단순화시킨 디자인 덕분에 도싯시리얼 제품은 바로 옆에 진열된 화려한 포장의 켈로그 코코팝스Coco-Pops 보다 눈에 확 들어온다.

디자인에서 가장 큰 영감을 준 브랜드로는 단연 이노센트 스무디를 꼽을 수 있다. 영국의 스무디, 과일 주스 회사인 이노센트는 포장에 대한 영국인들의 개념을 완전히 새로 정의했다. 음료수병 뒷면에 고객에게 전하는 메시지의 말투가 마치 친구에게 건네는 말 같다. 이제는 너도나도 따라해서 모든 브랜드에 효과를 발휘하지는 않지만 처음에 나왔을 당시에는 정말로 혁신적이었다.

하나의 메시지를 전하라

첫째 날, 오후 1시 32분

이노센트 브랜드를 만든 댄 저메인Dan Germain 을 만날 기회가 있었다. 그가 들려준 많은 조언 중에 특히 한 가지가 크게 와닿았다. "저희 제품을 사야 할 이유가 열 가지나 됩니다"라는 메시지를 던지는 사람들이 많다고 그는 지적했다. 저메인은 브랜딩의 핵심은 제품을 구입해야 할 뚜렷한 이유를 선택해 그 메시지를 전달하는 데 온 시간과 에너지를 투입하는 것이라고 강조했다. 메시지가 단순하면 고객은 슈퍼마켓 진열대에서 제품을 보자마자 0.5초 만에 그 메시지를 받아들인다. 그러면 제품을 구매할 가능성도 높아진다. 저메인의 조언을 들으니 슈퍼잼은 100퍼센트 과일 주스라는 메시지에 집중해야 한다는 사실이 더욱 분명해졌다. 그 이후로 슈퍼잼은 한결같은 포장을 사용하고 있는데 단순한 포장이야말로 브랜드의 성공에 큰 기여를 했다.

펜을 들고 브랜드 디자인을 시작하지 말고 사람들이 왜 제품을 구매해야 하는지 마음속으로 구체화시키는 작업을 먼저 하라고 당부하고 싶다.

제품을 구매해야 할 이유는 배우자가 힘들게 벌어온 돈을 지출할 때 어떻게 설명할지 떠올리면 찾기 쉽다. "값어치를 톡톡히 하니까요.", "윤리적이니까요.", "새로운 사실을 깨닫게 해주거든요." 등이 이유가 될 수 있다. 나의 오트밀 믹스에 대해서는 배우자에게 "맛이 궁금해서." 진열대에서 집어 들었다며 구매를 합리화하는 장면을 떠올려 봤다.

제품의 가치를 간단히 요약했으니 브랜드의 이름, 슬로건, 전체적인 모양과 느낌은 쉽게 정할 수 있다. 사람들이 물건을 사야 할 이유를 담은 한 줄 요약이 없다면 어림짐작으로 일을 할 수밖에 없다.

이름 고르기

첫째 날, 오후 1시 36분

많은 사람들이 기업의 이름 짓기를 놓고 많은 고민을 한다. 몇 주일, 심지어 몇 달 동안 딱 들어맞는 이름을 지으려고 애쓴다. 진실을 말하자면, 이름은 그저 아무 의미도 없는 하나 혹은 몇 개의 단어일 뿐이다. 고객이 제품을 경험하면서 스스로 의미를 부여하기 전까지 브랜드 이름은 어떤 의미도 갖지 못한다. 고객의 경험만이 단어를 브랜드로 바꾼다. 과거에 이름을 지으려고 몇 주일 동안 머리를 쥐어짰던 내 경험을 돌아보면 여러분은 약간의 도움을 받아 수월하게 할 수 있으리라 확신한다. 우선 사람들이 듣고 잊지 않을 만한 이름을 하나 고른다. 이때 다른 상표를 침해하지 않아야 하며 도메인 이름을 확보하는 것도 중요하다.

몇 초 만에 도메인 이름을 정할 수 있는 훌륭한 툴이 있다. 버스트어네임BustAName.com에서는 아이디어에 관련된 모든 단어를 입력해볼 수 있다. 그러면 단어의 조합 중에 도메인으로 등록 가능한 이름을 골라 준다(국내에는 이런 서비스가 없다. 다만 도메인 등록 사이트인 가비아GABIA 또는 후이즈WHOIS 등에서 유사 단어로 도메인을 추천해준다.—감수자). 네임스테이션NameStation.com은 경쟁을 거쳐 이름을 짓는다. 실제 사람들이 도메인 이름을 놓고 브레인스토밍해서 결과를 제시하면 의뢰자는 마음에 드는 하나를 고르면 된다. 선택된 이름을 제시한 사람이 보상을 챙긴다.

오트밀 사업에는 버스트어네임을 활용하기로 결정했다. 데드라인이 촉박할 때 즉시 해결책을 주기 때문이다. 오트밀 제품에 관해 머릿속에 떠오르는 단어를 전부 입력했다. 귀리, 오트밀, 아침, 건강한, 멋진, 맛있는, 유쾌한, 놀라운, 환상적인, 감칠맛 나는, 스코틀랜드의, 맛, 흥미진진한 등등.

도움이 필요한 경우 온라인 유의어사전을 활용하면 즉시 몇 가지 옵션이 추가된다. 제안된 목록을 빠르게 훑다가 '오섬 오츠'AwesomeOats.com가 눈에 들어왔다. 멋진 도메인 이름인 데다 구미를 당기는 '미리 조합한 오트밀'이라는 주제에도 딱 맞았다. 게다가 나의 첫 번째 브랜드에는 슈퍼Spuper, 두 번째에는 오섬Awesome이 들어가면 재미있겠다는 유치한 생각도 들었다. 어쩌면 나는 이름 짓기에 재능이 없는지도 모르지만.

꿈꾸던 이름이 이미 등록됐다면

첫째 날, 오후 1시 48분

도메인 이름을 등록하기는 정말 쉽다. 도메인 등록 사이트 몇 군데 가운데 하나에 들어가면 된다. 고대디GoDaddy.com가 가장 크지만 많은 사이트가 존재하며 특별 제안을 하는 경우도 많으니 여러 군데를 들르길 바란다(가비아, 후이즈—감수자).

기업의 실제 이름과 마찬가지로 도메인 이름도 생각만큼 중요하지 않다. 특히 매출의 대부분이 오프라인에서 발생한다면 중요도가 떨어진다. 그러니 완벽한 도메인을 찾느라 시간을 낭비하지 않아도 된다. 그런데 다른 사람이 이미 소유한 도메인을 사기로 결심했다면 해결방법이 몇 가지 있다.

많은 도메인이 세도Sedo.com 같은 '도메인 거래' 사이트에 올라가 있기 때문에 한번 확인한다. 가장 좋은 방법은 도메인 소유자에게 직접 연락하는 것이며 후이즈who.is 웹사이트에서 도메인 이름을 검색하면 연락처를 쉽게 파악할 수 있다. 이메일로 협상을 시도하라. 처음에는 매도자가 말도 안 되는 가격을 부르겠지만 이름에 따라 수백 파운드 정도는 깎을 수 있다.

나 역시 스코틀랜드의 전통 음식인 해기스Haggis.com를 협상을 거쳐 단 수백 파운드에 구입한 적이 있다. 번스 나이트(스코틀랜드의 민족시인 로버트 번스Robert Burns의 생일을 기념하는 1월 25일 저녁—옮긴이) 무렵 미국에서 해기스를 온라인 판매하는 아이디어를 추진한 적이 있었다. 그런데 미국에서는 해기스에 양의 허파가 들어간다는 이유로 1970년대부터 판매를 금지하고 있다는 사실을 뒤늦게 알았다. 채식주의자가 된 이후 해기스 사업계획은 완전히 접었지만 좋은 도메인 이름을 생각보다 저렴하게 구입할 수 있다는 교훈을 얻은 사건이다.

상표 점검하기

첫째 날, 오후 1시 59분

기업인들이 등장하는 텔레비전 프로그램을 보면 지적재산권의 보호와 특허신청, 상표등록이 무척 중요하다는 인상을 받는다. 하지만 실제로는 특허를 보호받아야 할 만큼 획기적인 사업을 할 기회가 흔치 않다. 특허 등록은 시장이 간절히 원하는 아이디어가 있고 사업의 규모를 크게 키울 계획이 있을 때만 중요하다. 그러므로 이 단계에서는 지적재산권 보호에 크게 신경 쓰지 않아도 된다. 물론 사업이 커지기 시작하면 상표 신청을 원할 것이다. 이는 몇백 파운드 수준의 비용이 든다. 지금 단계에서는 불필요한 곳에 힘을 빼기보다는 다른 사람의 상표를 침해하지 않을지를 확인하는 작업이 더 중요하다.

영국에서는 특허청www.ipo.gov.uk 홈페이지를 확인해야 한다. 사용할 이름이나 문구를 판매할 제품이 속한 카테고리에서 검색하면 사용 여부를 금방 알 수 있다. 미국 기업이라면 특허상표청www.uspto.gov에서 검색할 수 있다. 그 외 다른 나라에도 각각 담당기관이 있으니 해외시장에서 사업을 시작할 계획이 있다면 착수하기 전에 관련 데이터를 모두 확인할 필요가 있다(한국은 특허청www.kipo.go.kr에서 관리 — 옮긴이).

오트밀 판매에 관련된 카테고리에서 '오섬'awesome을 검색해보니 다행히 쓰고 있는 사람이 아직 없다. 도메인 이름을 등록하고 브랜드 구축을 시작해도 문제가 없다.

슬로건 짓기

모든 기업이 소제목strapline 또는 슬로건을 가지고 있는 것은 아니며, 꼭 필요하지도 않다. 하지만 브랜드에 슬로건을 하나쯤 추가하고 싶을 수도 있다. 당장 짓지 않더라도 나중에 언제든 추가할 수 있으니 지금은 시간을 아껴도 좋다. 기본적으로 슬로건이란 기업의 존재 이유를 1초 만에 전달하는 하나의 핵심 문장이다. 기업은 무엇을 팔고 있으며 사람들은 왜 구매해야 하는가?

론칭한 후에 회사 이름을 바꾸기란 쉽지 않다. 당장 첫째 날부터 사람들이 회사 이름을 기억하기 때문이다. 반면 슬로건은 더 나은 문구를 찾거나 고객에게 제품과 관련된 다른 메시지를 전달하고 싶다면 일정 시간이 흐른 뒤에 쉽게 바꿀 수 있다.

제품에 대한 정의('미리 조합한 다양한 맛의 프리미엄 오트밀')와 사람들이 구매해야 하는 이유('다른 브랜드보다 신나게 즐길 수 있다')는 이미 정했다. 이제는 브랜드 이름과 잘 어울리면서 재미있고 기억하기 쉬운 메시지를 찾아야 한다. 내 경우에는 프로젝트를 '미리 조합한 오트밀'이라고 이미 정의한 바가 있다. 머릿속에 처음 떠오른 아이디어가 가장 좋은 경우가 많으니 이 표현을 그대로 쓰기로 한다.

아직 슬로건을 정하지 않았다면 브랜드 이름을 지을 때처럼 프로젝트에 관련된 모든 단어를 적어보라. 이번에는 전하려는 핵심 메시지에 관련된 주제로 단어의 범위를 확장한다. 그러고 나서 마음에 드는 단어를 몇 개 골라 브랜드 이름과 조합하고 눈길을 끄는 표현을 만들어본다. 한 번에 되는 일은 아니지만 괜찮은 표현을 찾을 때까지 여러 아이디어를 두루 시도해야 한다. 슬로건은 나중에 바꿀 수도 있으니 '그럭저럭 괜찮은' 표현을 찾아서 쓰면 된다.

무드 보드 만들기

첫째 날, 오후 2시 10분

새 브랜드의 디자인을 최대한 빠르게 시작하려면 무드 보드를 활용한다. 무드 보드는 원하는 모양과 느낌을 디자이너에게 잘 전달할 수 있도록 여러 이미지를 조합한 판이다. 보드를 만들 때 잠재 고객이 구입을 원할 만한 다른 브랜드, 전달하려는 이미지, 비슷한 메시지를 잘 전달하고 있는 브랜드 등을 고려하면 좋다.

영감을 얻기 좋은 사이트로는 비핸스Behance, 더다이라인, 러블리패키지, 디자인스피레이션Designspiration, 드리블Dribbble 등을 추천한다. 전 세계 디자이너들의 포트폴리오를 아우르고 있는 사이트다. 주제(예: 귀리)나 기본 재료(예: 카드보드) 또는 카테고리(사진, 로고 등 위주)별로 손쉽게 검색이 가능하다.

디자이너가 활용할 만한 마음에 드는 글자체를 몇 가지 찾아두면 디자인 과정을 단축시킬 수 있다. 글자체 고르기가 편하지 않더라도 걱정하지 말라. 당연히 디자이너가 대신 골라준다. 폰트패브릭Fontfabric. com, 로스트타입LostType.com, 마이폰트MyFonts.com에서는 무료로 제공되는 멋진 폰트를 볼 수 있다(무료 한글 글꼴은 네이버 다운로드 서비스에서 '폰트' 리스트를 확인할 수 있다.—감수자). 폰트에 지출할 예산이 있다면 더 근사한 유료 폰트를 구입할 수도 있다. 유워크포뎀YouWorkForThem은 내가 가장 좋아하는 사이트다. 브랜드에 필요한 요소가 무엇이든 글자체가 어떤 느낌이어야 하는지, 동영상과 사진은 어떤 스타일이어야 하는지, 색상 팔레트는 어떤 분위기를 전달해야 하는지 담은 무드 보드를 제작하라.

핀터레스트Pinterest 등 다양한 영감을 한곳에 모으는 온라인 메모판 서비스도 많은데 디자이너에게 링크를 보내면 무드 보드 공유가 가능하다. 개인적으로는 스프링패드Springpad.com를 즐겨 이용하는데 인터넷 곳곳에서 자료를 수집하거나 컴퓨터에서 이미지를 직접 업로드할 수 있다.

이때 브랜드가 전하려는 '하나의 메시지'(우리는 즐길 수 있는 오트밀을 만듭니다)를 이미지로 바꾸는 것이 중요하다. 무드 보드는 디자이너에게 간단하게 설명할 때 활용할 수 있으며 스스로 디자인을 할 때는 어떤 스타일로 만들지 집중하는 데 도움이 된다. 디자이너들은 시각적으로 발달한 사람들이기 때문에 이미지로 소통하면 말로 설명할 때 벌어지는 오해를 방지할 수 있다. 더구나 이번 프로젝트에서는 시간이 충분하지 않기 때문에 디자이너가 한 번에 작업을 완료하도록 만들어야 한다. 48hourstartup.org에 방문하면 내가 만든 핀터레스트 무드 보드를 볼 수 있다.

디자이너를 고용할까, 직접 만들까

첫째 날, 오후 2시 22분

운 좋게도 디자인 기술이 있는 경우에는 최소한 초기 버전에 돈을 들이지 않고 브랜드를 만들 수 있다. 한 가지 주의할 점은 브랜드를 직접 디자인하기로 '한번 시도해보는' 사람들이 결과적으로는 아이디어를 제대로 담지 못하는 경우가 많다는 사실이다.

자기 손으로 만든 디자인을 보여주면서 내 의견을 묻는 기업가들을 종종 만난다. 많은 경우 디자인이 엉망이라고 대놓고 말할 수 없어 애를 먹곤 한다. 디자인을 가족과 친구에게 보여주면 감정을 상하게 하지 않으려고 솔직한 피드백을 주지 않을 것이다. 디자인을 객관적으로 평가해줄 수 있는 사람들에게 의견을 구하되 자신이 디자인했다고 말하지 않는 편이 낫다. 그래야 더욱 진솔한 평을 들을 수 있다.

어떤 사업을 하더라도 사람들이 물건 구매에 관심을 보이게 만들려면 로고와 브랜드 이미지를 만드는 디자인 작업을 해야 한다. 아무리 좋은 물건을 만들어도 홈페이지가 훌륭하지 않거나 포장이 눈길을 끌지 못하면 구매가 일어나지 않는다.

디자인은 전체 사업과정 가운데 많은 사람들이 겁을 먹고 있는 분야다. 디자이너를 고용하는 데 엄청난 돈이 들 것이라고 걱정하고 브랜드 작업을 지시할 때 자신도 특별한 능력이 있어야 한다고 생각한다. 조언을 하자면 브랜드가 전달하려는 메시지를 아주 분명하게 말해야 한다. 내 경우에는 '즐길 수 있는 오트밀'이라는 메시지를 전달하고 싶었다. 이처럼 명쾌한 메시지는 홈페이지에 들르는 사람들이나 가게에서 포장을 집어 드는 사람들이 단 몇 초 만에 이해할 수 있다.

능력이 뛰어난 디자이너를 직접 찾는 일도 생각보다 오래 걸리지 않는다. 기꺼이 프로젝트에 참여할 준비가 돼 있는 디자이너들을 소개하는 사이트가 많다. 사이트에 등록된 디자이너들은 재택으로 작업하면서 시간당 저렴한 보수에 좋은 서비스를 제공한다. 개인적으로는 말하려는 바를 무드 보드로 표현한 후, 내게 영감을 준 브랜드를 직접 작업했던 디자이너를 찾아 연락하는 방법을 선호한다. 디자이너들의 홈페이지를 찾거나 앞서 언급한 포트폴리오 사이트에서 작품을 찾아 연락한다. 자신이 추구하는 스타일과 기준을 디자이너가 충족시켜줄 수 있음을 미리 알 수 있는 방식이다.

디자이너를 선택했다면 일단 믿어야 한다. 그들은 디자인에 관한한 전문가들이고 무엇이 효과적이고 그렇지 않은지 잘 알고 있는 사람들이다. 물론 그렇더라도 디자이너들이 작업한 로고가 만족스럽지 않다거나 일부분을 수정하고 싶다면 주저하지 말고 이야기하라. 처음에 협의한 보수에는 모든 변수가 반영돼 있기 때문이다.

프로젝트를 여러 단계로 쪼개서 단계별로 금액을 지출하는 방안도 적극 고려하라. 예를 들어 첫 단계에서 로고를 작업할 디자이너를 구했는데 결과물이 마음에 든다면 다음 단계에서도 작업을 이어나가는 방식이다. 일반적으로 50퍼센트를 선불로 지급하고 나머지 50퍼센트는 작업이 완료됐을 때 지급한다. 이런 방법을 쓰면 디자인이 기대만큼 만족스럽지 않더라도 모든 리스크를 질 필요가 없다.

프리랜서 장터

비핸스 등에서 직접 디자이너와 접촉하는 방법 외에도 활용할 만한 사이트는 다양하다(국내에는 라우드소싱—감수자). 디자이너뿐 아니라 모든 분야의 프리랜서를 소개받을 수 있다. 직접 활용해본 사이트로는 업워크, 유노주노Yuno-Juno, 프리랜서Freelancer, 일랜스Elance가 있다(국내에 대체할 만한 사이트로는 이랜서eLancer, 위시켓Wishket, 크몽kmong 등이 있다.—감수자). 프로젝트의 개요를 올리면 전 세계의 디자이너들이 참여 의사를 밝힐 텐데, 원하는 보수는 제각각이다. 디자이너의 포트폴리오를 둘러보면 이전에 비슷한 프로젝트를 한 적이 있는지 파악할 수 있다. 디자이너의 스타일을 보고 자신이 원하는 모양과 느낌을 '맞춰줄' 수 있는 사람을 찾으면 된다.

이번 프로젝트는 시간이 생명이기 때문에, 당신과 시간대가 정반대인 디자이너를 활용하는 방안도 있다. 당신이 자는 동안 디자이너가 브랜드를 작업할 수 있기 때문이다. 마감시간을 분명히 밝히기만 한다면 24시간 안에 결과물을 내놓을 수 있는 디자이너를 찾을 수 있다.

사실 24시간은 무척 짧은 시간이다. 이 때문에 디자이너에게 제공하는 개요와 무드 보드가 가능한 구체적이고 이해하기 쉬워야 한다. 디자이너가 한두 번의 시도로 브랜드를 정확하게 이해해야 할 테니 말이다. 디자이너가 빠른 시간 안에 결과물을 내놓을 수 있는 가능성을 높이기 위해 다음과 같은 정보를 전달해야 한다.

예산
서로의 시간을 낭비하지 않도록 보수를 미리 지급하는 편이 좋다.

인생의 모든 일이 그렇듯 적극적으로 지불할수록 결과물도 좋아지고 빨리 받을 수 있다. 수백 파운드를 지불하고 받는 결과물의 품질이 얼마나 좋은지 놀랄 것이다. 작업 결과에 따라 다음 일을 맡길 수 있다고 약속하면 품질이 더 좋아진다.

시간

다시 말하지만, 일정이 촉박하다는 사실을 디자이너가 분명히 알도록 며칠, 몇 시까지 무슨 작업이 완료돼야 하는지 밝힌다. 작업의 우선순위를 정해야 하는데 대부분의 경우 로고를 먼저 작업한다. 그래야 로고를 홈페이지에 넣는 동안 디자이너는 나머지 작업을 계속 진행할 수 있다. 내 경우에는 고객들에게 나눠줄 면 토트백과 스티커 판촉물을 다음날 오후까지 인쇄하고 싶다고 밝혔다. 그러려면 당일 오후까지 로고 작업이 끝나야 한다. 다음날 인쇄를 위해 마감시간을 당일 오후 5시로 정했다.

목표

디자이너에게 분명하고 간단한 용어로 전달하려는 메시지를 설명한다. 또한 로고, 홈페이지 배너, 가입 아이콘 등 필요한 디자인 아이템을 구체적으로 지시한다. 회원 가입, 견적 문의, 이메일 주소 입력과 같이 고객들에게 원하는 행동을 명쾌하게 설명한다. 디자이너가 글귀를 대신 만들어주기를 바라지 말고 직접 작성해야 한다. 디자이너는 독심술사가 아니다!

목표고객

무드 보드는 목표고객을 알리는 데 큰 도움이 된다. 어떤 유형의 고객을 목표로 하는지 말로 설명하는 것도 바람직하다. 그러면 디자이너가 고객의 입장이 되어 생각해보고 자신에게 와닿는 디자인을 작업할 수 있다. 목표고객을 구체적으로 세울수록 바람직하다.

금지 사항

특정 색상이나 단어 등을 디자인에 포함시키지 않고 싶다면 추가로 수정작업을 하지 않도록 처음부터 언급한다.

오섬 오츠 디자인 과정

> 첫째 날, 오후 2시 30분

고객들에게 오트밀 믹스도 충분히 '즐길 수 있다'는 메시지를 전달하고 싶다. 포장에 메시지를 담는 가장 좋은 방법은 일러스트레이터를 고용하는 것이다. 그래서 프리랜서 일러스트레이터인 샘 던Sam Dunn에게 연락했다. 던은 저명 브랜드와 작업한 경력이 풍부하며 작업 스타일이 오트밀 포장과 잘 어울릴 것 같았다. 빨리 결과물을 받아야 한다고 설명하자 그녀는 즉시 참여하겠다는 뜻을 밝혔다.

무드 보드와 더불어 라벨의 레이아웃에 대해 갈겨쓴 낙서, 구입한 원통형 포장 크기를 디자이너와 공유했다. 던에게 바코드 이미지, 재료 목록, 영양정보 등을 보냈다. 여기서 두 가지를 덧붙여 설명하겠다. 영국에서 바코드 이미지는 GS1-UK로, 다른 나라에서는 관련 기관에서 손쉽게 등록 가능하다. 또한 영양정보는 제품이 복잡할수록 전문가의 조언을 구하거나 공급회사에 문의해야 한다. 여기 오트밀의 경우 다양한 재료를 일정 비율로 조합하므로 계산이 어렵지 않았다.

디자이너에게 필요한 정보를 모두 전달하면 완성하기까지의 과정이 훨씬 단축된다. 디자인 과정에서 수정하고 덧붙이기를 거듭할수록 시간과 돈이 더 들어간다! 결과물을 빨리 얻으려면 명확한 개요 전달이 아주 중요하다.

던은 곧장 일을 시작했고 내 생각대로 일이 진행되고 있는지 확인할 수 있도록 중간에 작업물을 보내달라고 부탁했다. 몇 시간에 한 번씩 디자이너와 연락을 하면 일이 잘못된 방향으로 진행되는 시간을 낭비하고 일을 다시 시작하는 사태를 막을 수 있다. 마감 시간인 오후 5시도 채 되지 않아서 내일 인쇄할 디자인이 도착했다. 던이 보낸 로고는 마음에 쏙 들었다.

토트백과 스티커 제작 의뢰 〈 첫째 날, 오후 4시 23분 〉

로고를 받자마자 내일 제품을 론칭할 때 필요한 토트백과 스티커에 새기도록 보냈다. 던은 제품에 들어갈 실제 라벨 디자인 작업에 들어갔다. 포장 앞면에 어떤 정보가 표시돼야 하는지 몇 가지를 확인한 후 라벨 디자인을 작업해서 보내줬다. 이번에도 만족스러웠다. 로고를 즉시 제작하는 '홀인원'을 하다니 운이 좋았다. 마음에 들지 않으면 몇 번이라도 반복해야 한다.

던은 원통형 포장에 디자인이 어떤 모양으로 들어갈지 확인하는 차원에서 포토샵으로 모형을 재빨리 만들었다. 모형 제작은 디자인이 실제 제품에 적용됐을 때 모양을 확인할 수 있는 좋은 방법이다.

48-HOUR START-UP

제6장

첫날부터 홈페이지 열기

온라인을
적극 활용하라

홈페이지 구상

첫째 날, 오후 7시 30분

내 경우처럼 물건을 팔든 오프라인 가게를 열든 서비스를 판매하든 멋진 홈페이지를 갖추는 일은 무척 중요하다. 홈페이지는 세상을 향해 보여줄 수 있는 가장 큰 '상품 진열장'이며 메시지를 전달할 최적의 장소다. 좋은 소식은 홈페이지 구축에 배경지식이 전혀 없는 사람이라도 24시간 이내에 전문적으로 보이는 홈페이지를 만들 수 있다는 점이다.

각자 어떤 목적으로 홈페이지를 활용하려는지 모르기 때문에 방문자들이 홈페이지에서 어떤 일을 할 수 있기를 바라는지 분명히 해야 한다. 대부분 개점 시간, 예약 접수나 주문 접수 등 정보를 제공하는 표준 형태의 홈페이지를 제작한다. 어떤 정보를 제공하든 웹디자이너나 개발자를 쓰지 않고도 스스로 홈페이지를 만들게 도와주는 굉장한 서비스를 활용할 수 있다.

개인적으로는 스스로 홈페이지 만들기를 권한다. 맞춤형 홈페이지를 제작하느라 비용과 시간을 들이느니 규격 소프트웨어를 쓰면 홈페이지를 뚝딱 만들어서 바로 운영할 수 있다. 처음부터 사이트를 구축할 때는 어려움이 따르며 모든 면에서 만족스러운 프로젝트는 늘 생각보다 시간이 많이 든다.

어쩌면 자신의 아이디어가 너무나 특별해서 홈페이지도 맞춤 제작해야 한다는 유혹을 강하게 느낄 수도 있다. 실제로 새로운 개념의 레스토랑을 위해 화려한 예약 소프트웨어를 구축하거나 이벤트 사업용으로 네티즌들의 관심을 끌 앱을 만드는 기업가들을 종종 마주치기도 한다. 그러나 우리가 기억할 것은 당연히 우리보다 먼저 같은 길을 걸어간 사람들이 존재하며, 당면한 문제를 대부분 해결할 수 있는 규격 소프트웨어 제품도 이미 개발돼 있다는 사실이다.

홈페이지나 앱을 제작하든 사업의 특정 기능을 운영하는 데 쓰든 활용 가능한 규격의 시스템을 찾으면 적어도 초창기에는 그 시스템을 쓰기를 권한다. 모든 면에서 원하는 바를 정확히 충족시켜 주지 않더라도 완벽한 체계를 갖추려고 차일피일 시작을 미루느니 일단 발을 딛는 편이 낫다. 설사 이 과정에서 일부를 수작업으로 해야 하더라도 그렇게 하라. 어차피 고객이 많지 않을 텐데 일부 과정을 직접 한다고 해서 큰 문제가 있겠는가? 회사가 성장해서 값비싼 개발자를 고용할 수 있는 매출을 낸다면 자체 시스템을 구축해도 된다.

게다가 고객이 홈페이지에서 어떤 일을 하길 원하는지 직접 경험해보면 어림짐작해서 만들 때보다 더 나은 서비스를 제공하는 사이트를 구축할 수 있다. 비어52 사업을 할 때도 초기에 신속하게 일을 진행하기 위해 쇼피파이와 더불어 차지파이Chargify라는 결제관리 플러그인을 활용했다. 우리 아이디어가 고객이 원하는 바와 일치한다는 사실을 확인한 후에야 자체 시스템을 구축했다.

아직도 규격 솔루션으로 문제를 해결하라는 조언이 와닿지 않는다면, 그 또한 괜찮다. 사업 아이템이 독창적이고 복잡해서 개발자를 쓰는 일도 충분히 가능하며 이에 대해서는 나중에 자세히 다루겠다.

사이트는 무엇을 해야 하는가

사이트를 구축하는 흥미진진한 작업에 앞서 사이트가 정확히 어떤 기능을 했으면 하는지 파악해야 한다. 무엇보다 고객이 사이트를 방문했을 때 어떤 일을 수행하도록 설득하고 싶은지 알아야 한다.

웹디자인을 할 때 우선 '와이어 프레임'wire frame을 만들면 유용하다. 와이어 프레임은 각 페이지가 어떤 모습일지, 방문자들이 사이트를 어떻게 활용하길 바라는지 그린 대략적인 스케치다. 예를 들면 방문자들이 초기 페이지에서 제품 페이지를 거쳐 장바구니, 주문 페이지, 결제 페이지로 가기를 바랄 것이다. 사이트에 들어온 방문자의 입장이 되어 보면 페이지마다 어떤 메시지를 표시해야 하는지, 각 페이지에서 방문자가 어떤 행동을 취했으면 좋을지 알 수 있다. 웹페이지는 예술작품도 아니고 회사에 대한 정보를 주는 공간도 아니다. 오로지 방문자들에게 제품을 판매하기 위해 존재한다.

회사에 대해 전혀 들어본 적 없는 사람이 홈페이지를 방문한다고 생각해보라. 당신이 설득력 있게 메시지를 전달한다면 방문자들은 사이트를 둘러본 뒤 신용카드 정보를 기입할 것이다.

대다수의 사람들이 홈페이지에 몇 초도 머물지 않고 떠난다. 진열대의 제품 라벨을 흘깃 보고 자세히 읽지도 않고 지나치는 슈퍼마켓 고객과 마찬가지다. 다시 말하면 홈페이지 방문자들의 관심을 순식간에 끄는 전략이 필요하다. 사람들은 바쁘고, 인터넷에는 당신의 홈페이지가 아니어도 시간을 보낼 곳이 가득하다. 이미 수십 개의 탭이 열려 있을 가능성도 높다. 그런 상황에서 사람들의 시간을 잡아먹으면 짜증을 유발할 수 있으니 곧장 본론으로 들어가자.

방문자들의 인생에 당신의 제품이 왜 필요한지 이유를 명쾌하게 밝히되 글은 최대한 줄인다. 웹에서는 동영상이나 훌륭한 사진이 소통하기에 훨씬 좋은 방법이다. 보는 사람 입장에서는 페이지 가득한 글자를 읽으려면 지루하기도 하거니와 시도조차 하고 싶지 않다. 반면 사진을 감상할 때는 노력이 전혀 들지 않는다.

고객의 입장에서 사이트를 둘러보면서 떠오르는 질문에 모두 답을 해본다. 빠르게 답하되 판매에 도움이 되는 방향이어야 한다. 배송료는 얼마인가? 해외배송도 가능한가? 사이즈가 종류별로 제공되는가. "세상에! 배송이 무료라니!", "유럽 전 지역으로 배송합니다.", "XS부터 XL까지 있습니다!"

홈페이지에 당연히 자세한 내용이 있어야 하는 기초적인 내용인데도 속 시원히 답하지 않는 경우가 많다. 이런 뻔한 정보야말로 방문자들이 정말 궁금해하는 내용이기 때문에 이에 대한 언급이 없으면 고객은 최악의 상황을 가정한다. 배송료는 비싸고 맞는 사이즈는 없겠구나, 등등.

경쟁자의 홈페이지를 둘러보면 당장 자신의 사이트는 어떤 모습이어야 할지 재빨리 판단할 수 있다. 경쟁자 대신 나와 동일한 사업 모델을 쓰면서 성공적으로 온라인 서비스를 하고 있는 기업의 사이트도 참고할 만하다. 게다가 일정 기간 동안 성공적으로 운영된 홈페이지라면 벤치마킹하기에 더욱 좋다. 여러 실험을 거쳐 가능한 많은 방문자를 고객으로 전환시키도록 레이아웃, 핵심 메시지, 디자인 측면에서 최적화를 이뤘다고 볼 수 있기 때문이다. 방문자를 고객으로 만드는 일이야말로 가장 중요하다.

따라할 만한 모델 찾기

처음 비어52를 설립했을 때 홈페이지 디자인과 관련해 성공한 회원제 서비스 기업에서 영감을 얻으려고 했다. 건강 간식을 판매하는 기업 그레이즈Graze.com는 우리에게 실제로 조언을 주기도 했고 많은 바를 일깨워준 브랜드다. 그레이즈는 음식품의 회원제 서비스 분야를 개척한 기업이며 내 자신이 그레이즈 브랜드를 아끼는 소비자였다. 그레이즈는 건강에 좋은 간식거리를 다양하게 선택한 뒤 앙증맞은 상자에 담아 원하는 횟수대로 보내줬다.

그레이즈는 아마존에 2억 파운드에 매각된 러브필름LoveFilm의 공동 창업자 그레이엄 보셔Graham Bosher 등이 설립한 회사다. 공동 창업자들을 만나 보니 마케팅을 굉장히 과학적으로 접근한다는 점에서 인상적이었다. 이들은 고도로 최적화된 제안을 하기 위해 다양한 제안, 이미지, 홈페이지 레이아웃 등으로 전환율을 테스트했다.

그레이즈의 성공은 굉장히 고무적이었고 이미 여러 해 동안 실험했음을 알고 있었기에 많은 것을 배울 수 있겠다고 판단했다. 그레이즈가 홈페이지에서 제품을 진열하는 방식, 잠재고객에게 주려는 메시지의 종류, 고객들이 지인들을 가입시키도록 격려하는 방법을 자세히 들여다봤다. 예를 들면 그레이즈의 홈페이지에 들어가면 가입시 '정확히' 어떤 혜택을 누릴 수 있는지 분명하게 표현한 이미지가 뜬다. 추상적이거나 인물이 등장하는 사진만큼 '매력적이지는' 않으나 고객이

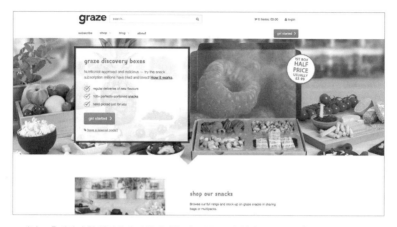
그레이즈 홈페이지 첫 화면에서 가입 혜택을 바로 볼 수 있다(박스 표시 부분).

가입하려는 서비스의 내용을 전달하는 데 확실히 도움이 된다. 또한 고객이 구입할 제품의 정보를 두 번째 페이지로 숨기지 않고 곧바로 알려준다.

그레이즈의 홈페이지에는 '당장 가입' 버튼이 도드라지게 배치돼 있어 고객이 결국 '서비스 시작'을 누르도록 초청한다. 여기저기 등장하는 '서비스 시작' 버튼은 잠재고객이 흥미를 잃고 다른 곳으로 이동하지 않고 가입에 이르도록 유도한다. 사이트에서 쓰는 단순한 용어, 이미지와 그림도 '서비스 원리'를 설명하는 데 도움이 된다. 덕분에 고객들은 그레이즈가 정확히 무엇을 서비스하는지, 자신들이 어떤 서비스를 신청하는지 의문을 가질 겨를이 없다. 지금은 그레이즈를 누구나 알고 있지만 그 이전에는 신뢰도를 높이는 차원에서 브랜드가 소개된 신문과 잡지의 로고를 홈페이지에 게재하기도 했다.

다른 사이트와 비교해보면 그레이즈가 추구하는 디자인이 얼마나 간단한지 금방 알 수 있다. 단순함이야말로 그레이즈가 고객 수십만 명을 유치할 수 있었던 성공비결이 아닐까 생각한다. 그레이즈의 맛이 훌륭하다는 사실은 말할 필요도 없다.

그레이즈의 전략은 간단해 보이지만 수많은 시행착오 끝에 얻은 결과임에 틀림없다. 같은 전략을 다른 분야에 적용해서 동일한 효과를 내리라는 보장은 없지만 그레이즈의 홈페이지에서 배운 내용만으로도 사이트가 엉뚱한 방향으로 가지 않도록 할 수 있었다. 성공한 레이아웃의 형태에 대해 얻은 단서와 우리만의 아이디어를 바탕으로 초기 버전의 홈페이지를 제작했다. 그리고 몇 년에 걸쳐 최적화시키며 개선했다.

실물 모형 만들기

첫째 날, 오후 7시 30분

앞서 소개한 것처럼 영감을 얻고 자신이 말하려는 바와 홈페이지의 기본 기능을 분명히 인식하면 실물 모형mock-up을 제작하는 데 보탬이 된다. 나중에 설명할 직접 제작하는 서비스에 포함된 미리 제작된 템플릿을 사용한다면 크게 신경쓰지 않아도 된다. 하지만 개발자가 홈페이지를 아예 새로 만드는 경우에는 상당히 도움이 된다.

발사믹 목업Balsamiq Mockups은 와이어 프레임을 만들 때 활용할 수 있는 단순하면서도 유용한 툴이다. 무료 체험판이 제공되는데 전체 과정에 15분 정도만 걸릴 뿐이라 체험판으로도 충분하다. 이런 소프트웨어를 사용하면 사이트 맵과 개별 페이지 레이아웃을 손쉽게 작업할 수 있고 각 페이지에서 가입하기, 지금 사러 가기 등 '중요한 버튼'에 집중하는 데 도움이 된다. 실물 모형을 만든 후에는 스스로 사이트를 구축하거나 전문가나, 디자이너, 개발자에게 보낸다.

직접 제작할까, 웹개발자를 고용할까

웹사이트를 구축한 경험이 없고 아이디어 실현이 복잡하다면 사이트의 코드를 작성할 전문가를 고용할 수도 있다. 하지만 맞춤 기능을 별도로 사용하지 않고 단순히 인터넷에서 물건을 판매할 계획이라면 스스로 제작해도 충분하다. 코딩, 소프트웨어나 웹개발에 대한 전문적인 지식이 없어도 제작할 수 있다. 전문가의 도움을 전혀 받지 않고도 아이디어를 홈페이지로 만드는 툴이 온라인에 넘쳐 난다니 정말 환상적이다.

여러 서비스에서 제공하는 기본 템플릿을 활용하면 자신이 만든 이미지, 텍스트를 추가해 순식간에 전문가의 손길이 느껴지는 홈페이지를 만들 수 있다. 우리는 페이팔이나 스트라이프 같은 결제 서비스의 계정 정보만 입력하면 된다. 그러면 고객들의 결제를 받을 수 있다.

쇼피파이

개인적으로 가장 좋아하는 서비스다. 슈퍼잼 홈페이지를 구축할 때도 쇼피파이를 썼고 비어52의 첫 번째 홈페이지 제작에도 활용했다. 버튼 클릭만으로 광고, 고객 서비스, 추천 기능과 더불어 배송 추적, 주문 배달 등 다양한 앱을 통합할 수 있어 매력적이다.

스퀘어스페이스

스퀘어스페이스 SquareSpace.com 는 단순한 사이트 제작에 안성맞춤인 서비스로 순식간에 몇 페이지를 근사하게 만들 수 있다(국내에는 윅스 —감수자). 팝업레스토랑이나 사진 사업을 시작하는 데 이상적이다.

스트라이킹리

최근 인터넷에는 '한 페이지' 사이트 만들기 열풍이 불고 있다. 방문자가 스크롤을 내려 읽는 단순한 방식으로 메시지를 얻는 사이트다. 스트라이킹리 Strikingly.com 는 다른 사이트보다 기능이 훨씬 적지만 더 빠르고 쉽게 사용할 수 있다(국내에는 웨블러 webbler.kr 에서 원페이지 제작 서비스를 이용할 수 있다.—감수자). 아이폰 앱, 전자책이나 다른 디지털 제품을 홍보하는 유용한 템플릿을 갖추고 있으니 아주 간단한 홈페이지가 필요하다면 추천한다.

템플릿 고르기

첫째 날, 오후 7시 42분

이 단계에서는 어떤 템플릿을 쓸지가 가장 중요하다. 템플릿은 홈페이지에 적용할 기본 레이아웃인데 한 번 결정하면 바꾸기가 쉽지 않다. 스트라이킹리, 쇼피파이, 스퀘어스페이스 등 활용 가능한 여러 서비스 가운데 무엇을 쓰든 기본으로 제공되는 무료 템플릿을 활용할 수 있다. 아니면 해당 서비스나 외부에서 디자인한 훌륭한 템플릿을 대신 쓸 수도 있다.

오섬 오츠의 홈페이지 제작에 있어 나는 쇼피파이를 쓰기로 결정했다. 맞춤형으로 선택의 폭이 가장 넓고 추가 기능이 다양하기 때문이다. 쇼피파이의 테마 스토어Theme Store에는 근사한 무료 템플릿이 많지만 나는 먼 미래를 내다보고 프리미엄 템플릿에 투자하기로 결정했다. 나는 스토어에서 '메이커'Maker 라는 180달러(약 20만 원)짜리 템플릿을 골랐다. 이 단계에서 굳이 지출을 원치 않는다면 무료 테마로 시작해도 문제없다. 아니면 테마포레스트ThemeForest.net에서 저렴한 쇼피파이 테마를 둘러봐도 좋다.

사진이 가장 중요하다

사진이야말로 홈페이지에서 중요한 요소이다. 아직 지출할 여력이 남아 있다면 우선적으로 자원을 투입해야 할 분야 가운데 하나다. 사람들이 실제 물건을 만져보고 냄새를 맡거나 맛보지 못하는 상황에서 제품을 훌륭하게 보이도록 만들어야 한다. 고객은 눈으로만 판단할 수 있기 때문이다.

좋은 카메라가 없고, 안목이 탁월하지 못하다면 직접 제품을 촬영하면서 시간을 낭비해선 안 된다. 또 사진과 스타일링은 전혀 다른 기술이라는 점도 기억해야 한다. 어떤 사진작가들은 두 가지 작업을 모두 훌륭하게 해내지만 홈페이지에 인상적인 사진을 넣고 싶다면 사진작가와 스타일리스트를 따로 써야 한다. 아울러 대다수의 사진작가들이 패션, 음식, 정물화 등 구체적인 장르에 전문화돼 있다는 사실도 명심해야 한다. 모델 사진에 능한 작가가 홈메이드 컵케이크를 잘 찍는다는 보장은 없다.

모든 일이 그렇듯 사진 촬영에 드는 비용도 수백 파운드에서 수십만 파운드까지 천차만별이다. 투자비용 대비 훨씬 큰 효과를 누릴 수 있는 몇 가지 요령이 여기 있다.

우선 준비 작업을 최대한 많이 해야 한다. 주방이나 정원 등 촬영에 적합한 장소를 물색하고 관련 있는 소품을 전부 구해 놓는다. 런던 같은 대도시에는 촬영에 쓸 만한 재미있는 아이템을 하루 단위로 빌려주는 대형 소품 창고가 있다. 직접 구입하기보다 창고에서 빌리면 빠르고 저렴하게 물건을 구할 수 있다.

디자이너에게 브랜드 전반에 대해 브리핑을 했듯 사진작가에게도 설명을 해야 한다. 우선, 원하는 사진의 목록, 가로와 세로 길이, 소품의 배치에 대해 적어본다. 그리고 원하는 사항을 처음부터 분명하게 밝혀야 한다. 촬영이 시작된 이후에 작업의 개요를 바꾸면 사진작가가 부르는 금액이 서서히 올라갈 것이다.

사진에 대한 정보를 작가에게 올바로 이해시키기 위해 디자이너에게 했던 것처럼 무드 보드를 만들어서 보여준다. 이번에는 멋진 사진의 예만 모아서 보드를 만들면 된다. 골라온 사진은 재현이 쉬운 스타일이어야 하며 사진작가가 확실히 감을 잡도록 당신이 추구하는 바에 근접한 사진을 찾아와야 한다.

작가 섭외는 구글과 같은 검색 서비스를 이용해 인근 마을이나 도시에 있는 사진작가를 찾아본다. 대부분의 사진작가들은 온라인 포트폴리오가 있기 때문에 둘러볼 수 있다. 작가가 지리적으로 가까운 곳에 있으면 촬영 장면을 직접 보고 제품과 함께 배치할 소품도 전달할 수 있다는 점에서 바람직하다.

구글에서 찾지 못하면 피플퍼아워PeoplePerHour, 업워크, 일랜스 같은 온라인 프리랜서 사이트(국내에는 이랜서, 위시켓, 크몽—감수자)에서 검색해본다. 운이 좋으면 가까운 곳에 있는 작가를 찾을 수 있다. 없는 경우에는 다음날까지 사진을 촬영해서 전송하도록 제품을 작가에게 보내는 방법도 있다. 작가가 해외에 있는 경우 배송비를 감수할 만큼 특별한 재능이 있고 저렴한 보수에도 일할 용의가 있다면 저예산으로 훌륭한 작품을 얻을 수 있다.

오섬 오츠 촬영

푸드스타일리스트이자 사진작가인 파가넬리는 온종일 작업 끝에 오섬 오츠의 레시피 개발을 마쳤고 결과물에 크게 만족하고 있었다. 내일 본 촬영에 앞서 연습 삼아 '시험 촬영'까지 마친 상태였다. 우리는 최종 사진의 모양을 놓고 깊은 대화를 나눴다. 디자이너에게 무드보드를 보여줬듯 '참고 사진'을 파가넬리에게 보여줬다. 우리만의 스타일로 재해석할 만한 사진이었다. 개인적으로 마스트 브라더스Mast Brothers라는 브랜드를 정말 좋아하는데 추상적이고 기하학적인 사진 덕분에 고급 초콜릿 판매에 효과를 톡톡히 봤다. 파가넬리가 내 말을 쉽게 이해할 수 있도록 마스트 브라더스의 사진을 몇 장 보냈다.

우리는 모든 사진에 완성된 포장 디자인이 들어가야 한다고 동의했다. 라벨 디자인이 나오는 대로 집 근처 인쇄소에서 출력해서 내일 비시칸이 보내주는 원통형 포장에 붙일 계획이다.

홈페이지용으로는 완성된 오트밀 제품으로 '라이프스타일' 사진을 찍었으면 좋겠다고 제안했다. 방문자들은 포장이 어떤 모습인지, 제품을 구입해서 식사 준비를 하면 어떤 형태일지 사진을 보고 그려볼 수 있을 것이다. 인터넷에서 사진을 활용할 때는 오프라인에서 고객에게 제품을 보여줄 때처럼 최대한 제품에 대해 설명해야 한다. 생생하게 와닿도록 사진을 적극 활용해야 한다. 이런 라이프스타일 사진과 더불어 인터넷 상점의 '쇼핑' 코너에 내놓을 포장의 '정면' 사진도 필요했다.

여기까지 다 하면 전문가가 스타일링한 사진을 얻는 데 500파운드 (약 76만 원) 정도 든다. 어떤 사업을 하든 훌륭한 사진이야말로 투자수익률ROI이 최고라고 자신한다. 웹사이트가 고객을 향한 진열장이라면 최대한 잘 꾸며 놓아야 매출이 쑥쑥 성장할 것이다.

촬영에 시간과 돈을 들이고 싶지 않다면

혹시 촬영을 의뢰하면서 시간과 돈을 들이고 싶지 않다면 온라인으로 훌륭한 스톡 사진stock photography을 구하는 방법도 있다. 홈페이지가 그럴듯하게 보이도록 제품이나 서비스와 관련된 고해상도의 사진만 올려도 되는 사업도 있을 것이다. 셔터스톡Shutterstock, 알라미Alamy, 아이스톡포토iStockphoto, 드림스타임Dreamstime 등(언스플래쉬Unsplash도 추천한다.—감수자)에서는 각자의 목적에 맞게 사용을 허가받을 수 있는 사진 수백만 장을 검색할 수 있다. 스톡 사진 사이트는 가격이 저렴하면서도 홈페이지에 올릴 수 있는 훌륭한 사진을 신속하게 제공한다.

동영상, 만들어야 할까

제품이 특별히 기술적이거나 추가 설명이 필요하면 '인트로 동영상'을 제작하면 좋다. 웹사이트의 초기 화면에 들어가 간결하게 제품을 설명하는 짧은 동영상이다. 동영상은 제대로 활용하면 온라인에서 가장 효과적으로 메시지를 전달하는 수단이 된다.

동영상은 사진처럼 예산이 결과물의 품질에 지대한 영향을 미친다. 촬영 담당, 음향 담당, 동영상 편집자에게 각각 지불할 예산이 확보되면 이상적이다. 그러나 예산이 빠듯한 상황에서는 혼자 홈페이지 동영상을 만들 수 있는 사람을 찾아야 한다.

동영상 제작자는 사진작가를 찾는 과정과 비슷하다. 프리랜서 사이트와 포트폴리오 사이트를 검색하는 것이다. 동영상 대본은 직접 쓰는 편이 좋다. 자신의 이야기와 제품을 제일 잘 아는 사람은 바로 자신이다. 대본을 쓸 때 동영상을 보는 이들의 시간을 낭비하지 않도록 곧장 본론으로 들어가야 한다. 대부분은 동영상의 앞부분 몇 초만 보다가 지루해지면 곧바로 정지시키기 때문이다.

동영상은 주요 메시지를 전달하는 데 활용해야지 기술적인 세부사항을 일일이 열거해서는 안 된다. 더 자세한 정보는 홈페이지를 찾아보면 될 일이다. 아마 큰 성공으로 수많은 모방작을 만든 인트로 동영상은 면도날 정기배송 서비스업체 달러 셰이브 클럽DollorShaveClub.com의 영상일 것이다. 여기서 창업자는 제품을 재미있고 설득력 있는 방식으로 설명한다. 광고에는 평범한 남자 하나가 등장한다. 달러 셰이브 클럽의 설립자이자 CEO인 마이클 더빈Michael Dubin이다. 그는 "한 달에 1달러만 내면 양질의 면도날을 하나씩 보내드립니다. 우리 제품이 쓸

만 하냐고요? 아뇨, 엄청 기가 막힙니다 Our blades are f**king great."이라고
말한다. 건방지고 뻔뻔스럽지만 밉지 않은 느낌의 이 영상은 소셜미
디어에서 수백만 번이나 공유됐다.

그런데 달러 셰이브 클럽을 따라하기란 말처럼 쉽지 않다. 입소문
을 내는 영상을 만들려고 열심히 일하는 인재들이 얼마나 많은지 모
른다. 그런 상황에서 당신이 만드는 제품의 광고가 들불 번지듯 큰 호
응을 얻을 가능성은 높지 않다. 그렇긴 해도 좋은 동영상으로 성공한
기업에서 배울 점은 있다. 간결하고, 정곡을 찌르며, 대체로 재미있고,
무엇보다 독창적인 영상을 만들어야 한다는 사실이다. 남의 동영상을
베끼거나 저급한 동영상을 만들면 브랜드를 오히려 훼손시킨다. 그러
므로 괜찮은 품질의 동영상을 만들 수 있다고 확신할 때만 제작하기
를 권한다. 바로 그런 이유로 오섬 오츠는 동영상을 만들지 않기로 했
다. 시간도 없거니와 오트밀처럼 단순한 제품에는 굳이 동영상이 필
요 없기 때문이다.

'재능 마켓'을 이용하라

인터넷에서 가장 독특한 사이트 중 하나가 '재능'을 사고 파는 플랫
폼 피버 Fiverr.com 다(국내 재능마켓으로 크몽이 있다.—감수자). 사람들은 이
사이트에 자신이 5달러를 받고 무슨 일을 할 수 있는지 올린다. 푼돈

을 받고 어떤 일을 하려는지 훑어보면 깜짝 놀랄 것이다. 제품을 설명하는 짧은 영상에 출연시킬 전문적인 동영상 해설가, 인형 조종사, 심지어 모델까지 섭외할 수 있다. 물론 몇 파운드 수준의 투자를 해서 오스카 상을 받을 만한 수작을 만들 수는 없다. 그렇지만 대체로 전문적인 결과물을 만들거나 전문가의 도움으로 동영상의 마무리 작업을 할 수는 있다.

피버는 지나치게 진지하지 않으면서 제작 과정을 스스로 즐기고 싶은 사람들이 활용하기에 완벽한 사이트다. 카메라 앞에서 원숭이탈을 쓰고 제품을 홍보할 사람, 이마에 브랜드 이름을 붙여줄 사람, 재미있는 노래 가사를 써줄 사람을 찾을 수도 있다.

리뷰 앱 활용하기

당신은 홈페이지에 고객, 언론, 관련 전문가의 제품 리뷰가 올라오기만을 오매불망 바랄 것이다. 지금 당장 리뷰해줄 수 있는 유명인이 주위에 있다면 무명 브랜드가 대단한 신뢰를 확보할 수 있다.

쇼피파이 플랫폼에 연결시킬 수 있는 리뷰 앱이 많다. 그중에서도 방문자들이 페이스북을 활용해 코멘트를 남길 수 있게 해주는 앱이 가장 좋다. 사람들은 자신의 정체가 드러나는 사이트에 연결된 상황에서 스팸이나 욕설을 댓글로 남기지 않는다. 또 '좋아요'를 누르기 쉽게 만들면 기꺼이 누를 가능성도 높다.

비어52에서 활용했던 트러스트파일럿Trustpilot.com 같은 외부 앱으로 리뷰를 수집하면 홈페이지의 신뢰도가 한층 올라간다. 특히 전혀 알려지지 않은 브랜드 입장에서 사람들의 신뢰를 받는다는 사실은 무척 중요하다. 그러므로 제품이 좋은 리뷰를 이끌어낼 정도로 훌륭하다면 리뷰 앱이 큰 도움이 된다.

메일링 리스트

기본적으로 모든 기업이 이메일 뉴스레터를 활용해야 한다고 생각한다. 고객의 이메일 주소를 수집할 기회가 있다면 절대로 놓쳐서는 안 된다. 제품에 관심은 있지만 곧장 주문을 하지 않는 사람들도 있다. 이들에게 제품의 개선 상황, 새로 개발된 제품, 회사의 여러 소식을 계속 알려주면 처음에 품었던 호기심은 언젠가 매출로 현실화된다. 이메일마케팅 서비스업체 메일침프MailChimp.com 등은 홈페이지에 간단한 이메일 캡처 박스를 설치해주는 간단한 앱이다(국내에 대량 메일 발송 서비스를 하는 곳으로 마이메일러MY MAILER, 뿌리오pprio, 오즈메일러ozmailer 등이 있다.—감수자). 쇼피파이나 다른 웹사이트 구축 플랫폼과 쉽게 연동된다는 장점도 있으니 이 간단한 마케팅 기술을 절대 간과해서는 안 된다.

이메일 마케팅 리스트를 늘리고 싶다면 홈페이지에 팝업창을 띄운다. 이메일 주소를 알려주는 고객에게는 첫 구매에 한해 10퍼센트 할인을 제공한다고 제안하라. 프로그램에서 보내는 자동 전송 환영 이메일에 할인 코드를 포함시키기만 하면 된다.

실시간 채팅

쇼피파이에서 실시간 채팅 서비스를 사이트에 포함시킬 수 있는 기능은 정말 마음에 쏙 든다. 조핌Zopim, 올라크Olark 같은 실시간 채팅 소프트웨어는 쇼피파이에서 무료로 활용할 수 있으며 이밖에 다양한 기능을 갖춘 서비스도 많으니 자기 홈페이지에 가장 적합한 서비스를 선택하면 된다.

채팅 서비스는 사이트 하단에 작은 팝업창을 띄워 방문자들이 제품에 관련된 질문을 입력하게 해준다. 관리자가 질문에 답을 보내주고 판매과정을 인도하면 실제 구매가 일어날 확률이 높아진다. 특히 사업 초기에는 고객들이 홈페이지에서 곧바로 질문할 기회를 마련하면 큰 도움이 된다. 고객들에게 어떤 메시지가 제대로 전달되지 않고 있는지, 무엇이 혼란을 일으키는지, 어떤 정보를 추가해야 할지 금방 알 수 있다. 이런 정보는 결과적으로 전환율을 높이는 효과가 있다.

연락처 양식

우푸Wufoo.com 같은 서비스(국내에는 오픈서베이opensurvey.co.kr ─감수자)
를 활용해 다양한 옵션, 버튼, 계층화된 구조의 메뉴를 갖춘 훌륭한 연
락처 양식을 만들 수 있다. 잠재고객이 남긴 질문, 문의나 예약은 그
자체로 많은 정보를 제공한다. 또한 홈페이지에 이메일 연락처를 표
시하면 좋다. 연락처를 작성하기 원치 않는 사람들도 있는데 그럼에
도 이메일은 확보할 수 있다.

자주 묻는 질문

사람들이 단순한 질문을 반복적으로 묻는 경우를 줄이려면 처음부
터 사이트에 구체적인 자주 묻는 질문FAQ 페이지를 만들어야 한다. 사
람들은 홈페이지에 많은 정보가 있으면 주문을 쉽게 포기하지 않고
걱정이나 두려움을 덜 느낀다.

FAQ 페이지에서는 다른 근사한 페이지에서는 다루지 않는 지루한
세부정보를 전부 담아야 한다. 물건이 배송되지 않으면 어떻게 하나
요? 인터넷에서 배송을 추적할 수 있나요? 재료는 어디에서 가져오나
요? 혹시 채용 계획이 있나요? 등등.

데스크Desk.com의 고객 지원 서비스는 FAQ 페이지 제작에 유용한

프로그램(국내에서는 프레시데스크freshdesk.kr와 젠데스크www.zendesk.kr의 한
국어서비스를 이용하면 된다.—감수자)이다. 고객들과 나눈 대화를 기초
로 FAQ 페이지의 질문과 Q&A를 만들 때 도움이 된다. 특히 이메일,
전화, 페이스북, 트위터 등 고객이 남기는 다양한 형태의 연락처를 효
과적으로 관리하도록 도와준다는 점에서 매력적이다.

회원제 서비스의 정기 결제

비어52처럼 매달 회비를 받는 절차가 필요한 사업을 할 때 해결해
야 할 몇 가지 문제가 있다. 고객의 결제가 실패한 경우, 카드가 만료
된 경우, 결제를 취소하거나 몇 달 중지하려는 경우, 휴가를 떠나는 경
우 등이 불가피하게 발생한다.

좋은 소식은 골칫거리를 모두 날려줄 서비스가 다양하게 존재한다
는 사실이다. 수수료를 받고 골칫거리를 대신 해결해주는 서비스다.
그중에서도 특히 쇼피파이와 연동이 잘 되는 차지파이나 새시Saasy, 스
프리들리Spreedly를 추천한다. 어떤 서비스가 가장 좋은지는 거주하는
나라, 은행 계좌, 사용하는 결제 서비스에 따라 다르니 결정을 내리기
전에 다양한 옵션을 확인한다. 또한 자동 이체 서비스를 제공하는 고
카드리스(국내에는 아이엠포트—감수자)도 확인해보라. 신용카드나 직
불카드보다 이용이 더 저렴하며 결제에 실패할 확률도 훨씬 낮다.

결제 처리

회원제 서비스 외에는 결제 절차가 무척 간단한다. 페이팔이나 스트라이프 등에서 무료 계정을 만들고 쇼피파이의 결제Payment란에 계정의 세부정보를 입력하면 된다. 고객이 당신의 인터넷 상점에서 결제하면 입력해놓은 페이팔 계정으로 자동 결제된다. 페이팔이 자금을 은행계좌로 이체하게 만들면 끝이다. 참 쉽다!

나처럼 지속적으로 회원제를 기반으로 결제를 받을 계획이라면 시중 은행계좌와 전자지급결제대행을 모두 활용해야 한다. 어떤 서비스가 좋은지는 나라별로 다르니 차지파이나 활용하고 있는 구독관리 시스템을 확인해본다.

오프라인 결제

일부 스타트업은 라이브 이벤트, 파티나 고객의 집을 방문해 물건을 팔 때 등 오프라인에서 신용카드 결제를 받아야 하는 경우도 있다. 가장 빠르고 손쉬운 방법은 스퀘어Square, 아이제틀 iZettle 등 모바일 기반의 결제 서비스에 계정을 만드는 것(KG이니시스 등의 PG사에 카드가맹점 결제 거래 신청을 별도로 해야 한다. 참고로 새로운 서비스인 페이앳Payat이 곧 출시될 예정이다. ─감수자)이다. 작고 실용적인 기기를 휴대전화나 태블

릿에 연결하고 카드를 읽히면 어디에 있든 얼마든 결제가 이뤄진다.

오섬 오츠 웹사이트 개발

첫째 날, 오후 8시 10분

쇼피파이에서 14일 동안 무료로 체험할 수 있는 계정을 만든 뒤 마음에 드는 테마를 고르고 설치했다. 이제 홈페이지를 열 준비가 끝났다. 제작한 로고를 추가하고 오섬 오츠를 개발한 배경을 짧게 덧붙였다. '회사소개' 란에는 내 사진도 넣었다. 개인적인 이야기 외에도 사진을 넣으면 브랜드가 보다 진실하게 다가온다. 신뢰를 얻을 수 있는 방법이므로 사진을 꼭 추가하길 권한다.

홈페이지에 업로드할 최종 제품사진은 아직 확보되지 않았지만 나머지 작업은 거의 끝났다. 하지만 도메인 이름을 사이트에 연결하고 기본적인 조건, 전화번호와 주소 등 기초 정보를 추가하느라 밤늦게까지 계속 작업했다.

회사 이메일 주소 만들기

첫째 날, 오후 10시 17분

새로 만든 도메인의 제어판을 사용해 이메일로 전송되는 메일이 전부 기존 이메일 계정으로 포워딩되도록 설정했다. 지메일Gmail을 활

212

용하면 새로 만든 도메인 이름으로 답장이 가도록 설정할 수 있다. 즉, 이메일을 '보낸 사람' 란에 fraser@awesomeoats.com이라고 뜬다. 설정방법을 모르겠다면 구글에 도메인 제공자 이름과 '포괄catch-all 이메일 설정 방법'을 검색해보라.

전화번호 등록

스카이프에서 전화번호를 만들면 편리하다. 일반 전화번호처럼 보이지만 사실은 걸려오는 모든 전화를 스카이프 계정으로 돌려준다. 전 세계 어떤 나라의 지역번호로 보이는 숫자를 고를 수 있다. 영국 전화번호로 보이지만 사실은 스페인 해변에서 일할 수 있다.

사이트 약관 작성하기

> 첫째 날, 오후 10시 46분

사이트가 약관terms and conditions을 완벽하게 갖추는 일은 정말 중요하다. 환불 정책, 프라이버시 정책, 쿠키 정책, 데이터 보호 진술, 세부 연락처, 사이트에 적용되는 준거법에 대한 자세한 내용을 담아야 한다. 이런 약관을 새로 작성하지 말고 온라인에서 양식을 구하거나 경쟁사가 홈페이지에 공개한 조건을 손질해서 써도 된다. 아니면 텀스피드

TermsFeed라는 툴의 도움을 받을 수도 있다(공정거래위원회www.ftc.go.kr에서
표준계약서-표준약관 양식을 참고하라.─감수자).

자, 이제 눈을 붙일 시간이다. 몹시 피곤하지만 하루라는 짧은 시간
동안 아이디어를 사업으로 추진하고 이름을 지었으며 일러스트레이
터와 푸드스타일리스트와 함께 제품을 발전시키기까지 했다. 게다가
홈페이지의 기초작업을 마쳐 내일 완제품만 추가하면 된다.

굿나잇!

제7장

첫 번째 고객 찾기

홍보가 모든 것을
결정한다

기업을 홍보하는 방법은 수없이 많다. 이쯤 되면 어떤 방법으로 브랜드를 알릴지 아이디어가 있을 것이다. 수년 동안 여러 사업을 추진하면서 브랜드를 알리려고 여러 방법을 시도해봤다. 이번 장에서는 실제로 효과가 제일 좋았던 방법과 거기에서 얻은 교훈, 최초 고객을 유치하는 데 활용할 방안을 공유하겠다.

오섬 오츠는 다양한 유형의 고객을 발굴하는 시도를 할 계획이다. 소매점과 온라인에서 고객 찾기에 나설 텐데 서로 다른 두 채널의 고객 접근방법도 소개하겠다. 물론 어떤 방법이 효과적일지는 판매하는 제품에 따라 다르다. 또 수익성이 좋은 다른 유통 채널도 함께 살펴보겠다.

직거래 장터

나처럼 집에서 물건을 제작하는 경우라면 판매를 시작할 수 있는 가장 흔한 장소는 지역에서 열리는 공예 박람회나 생산자 직거래 장터다. 새 제품의 시험 무대로 활용하기에 안성맞춤인 곳이며 큰 비용을 들이지 않고도 판매자로 참여할 수 있다. 주최 측에 연락해서 제품에 대해 알리고 당신의 새롭고 흥미로운 제품을 시장에 내놓을 수 있다고 생각하는 이유를 설명하면 된다. 많은 경우 주최 측은 판매자가 식품위생자격증을 갖고 있는지 확인한다. 자격증 관련 훈련과정은 이미 온라인으로 이수했고 서류도 출력해서 제출하면 된다. 당국에서 사업장을 검사하는 경우도 있으며 손해배상 책임보험의 사본 제출을 요구할 수도 있다. 영국에서는 상인협회National Market Traders Federation에 가입하면 협회가 든 보험 혜택을 누릴 수 있고 기타 다양한 편익을 누릴 자격이 주어진다(국내에서도 다중이용업소의 화재배상보험이 의무화돼 있다. 각 손해보험사에게 문의하라. ─감수자).

진열대는 돈이 들더라도 눈에 띄는 모양으로 준비한다. 로고가 찍힌 현수막, 브랜드를 알리는 가방, 유인물까지 준비하면 완벽하다. 제품을 재치 있게 진열할 수 있도록 눈길 가는 목공품이나 가구에 투자하라.

페이스북

페이스북 계정이 있다면 페이스북 광고의 효과에 대해서는 익히 들어 알 것이다. 우리 같은 광고주들은 사람들이 누른 '좋아요'와 기타 데이터를 기반으로 제품을 구매할 가능성이 높은 집단에 광고를 내보낼 수 있다. 캠페인 설정은 아주 간단하다. 말 그대로 몇 분 만에 잠재 고객에게 나타낼 온라인 광고가 제작된다. 캠페인을 설정할 때 광고 대상자를 지정해야 한다. 목표 고객의 위치, 연령, 성별을 고른 후 그들이 좋아할 만한 페이지를 선택할 수 있다.

광고 대상은 되도록 구체적으로 정해야 한다. 그물망을 넓게 치고 싶겠지만 양보다 질을 선택하는 전략을 써야 광고 캠페인에 성공한다. 특히 지금은 최초의 고객 몇 사람을 유치하는 것이 목적이니 구매를 정말 원할 사람들에게 광고를 보여줘야 한다. 그렇지 않으면 허튼 곳에 돈을 쏟아붓는 꼴이 된다. 목표 고객이 누른 '좋아요'를 통해 경쟁사의 제품, 당신의 기업 전반, 아니면 보완재에 대해 얼마나 관심이 있는지 가늠할 수 있다.

이제는 판매할 제품의 근사한 이미지를 올리기만 하면 된다. 다양한 이미지를 업로드해서 어떤 사진이 효과가 가장 좋은지 관찰하라. 예상과 다른 결과에 놀랄 것이다!

고객 데이터베이스가 구축돼 있다면 페이스북의 유사 타깃Lookalike Audience 기능도 활용할 수 있다. 과거에 제품을 구매했던 고객들과 프로필이 유사한 사람들에게 광고를 내보내는 기능이다. 과거 고객에 대한 폭넓은 데이터베이스가 확보돼 있다면 언제나 효과를 발휘하는 기능이다.

구글

페이스북처럼 구글 애드워즈를 활용해 높은 정확도로 목표 고객을 지정할 수 있다. 특히 구글은 사용자들이 검색 기능을 적극적으로 활용하기 때문에 절묘한 시점에 눈앞에 광고를 보여줄 가능성이 높다. 구글에 활용할 키워드를 고를 때는 그 키워드를 실제로 전달할 수 있는지 확인해야 한다. 예를 들어 '뮤즐리'라는 키워드에 광고를 넣는다면 광고를 보고 오섬 오츠 사이트에 들어온 사람들은 곧바로 나가버린다. 그들은 오트밀이 아니라 뮤즐리를 찾고 있기 때문이다.

키워드마다 별도의 페이지를 만드는 것도 좋은 방법이다. 고객들이 사이트에 들어왔을 때 찾고 있던 제품과 완벽하게 관련 있는 정보를 찾을 수 있다. 예를 들어 '바나나 오트밀'을 찾고 있는 사람에게 바나나 오트밀 페이지로 곧장 연결하는 식이다.

뻔한 조언처럼 들릴지 모르나 애드워즈를 대규모로 관리하기란 꽤 복잡하다. 최초 고객 몇 사람을 유치하는 캠페인이 끝나면 프리랜서를 고용해 키워드와 방문할 페이지를 최적화시키는 편이 좋다. 한 번에 수백, 심지어 수천 가지의 키워드 조합에 경매가 일어나는 것이 드물지 않은 일이다. 관련이 있다고 생각하는 키워드를 정하면 인터넷 사용자가 해당 키워드를 검색할 때마다 즉석 경매가 벌어진다. 그 키워드에 광고비를 가장 높게 제안한 브랜드가 좋은 공간을 차지한다.

리타겟팅

이제까지 온라인 광고를 활용하면서 비용 효율성이 가장 높았던 방법은 리타겟팅retargeting이었다. 홈페이지를 방문한 사람의 브라우저에 쿠키를 삽입하면 그 방문자가 〈뉴욕타임스〉The New York Times나 〈가디언〉The Guardian 등 다른 사이트로 이동할 때 당신 제품의 광고가 뜬다. 그 사람은 앞서 사이트를 방문한 적이 있기 때문에 제품에 대해 상기시켜주면 다시 돌아와 구매할 가능성이 꽤 높다.

리타겟팅 광고 분야의 최대 업체는 애드롤AdRoll이다(국내에는 크리테오Criteo, 온누리DMC OnnuriDMC 등에서 이용할 수 있다.―감수자). 애드롤의 시스템은 홈페이지에 손쉽게 통합이 가능하면 특히 쇼피파이를 쓰면 통합이 더 쉽다. 구글과 페이스북 광고처럼 클릭 횟수를 기반으로 수수료를 지불하며 클릭당 지불할 한도액, 일일예산을 입력하고 나머지는 시스템에 맡긴다.

소셜커머스

나라별로 사업을 시작할 때 활용할 만한 공동구매 사이트(소셜커머스)가 수도 없이 많다. 구미가 당길 만한 딜을 제안하면 소셜커머스의 메일링 리스트에 등록된 가입자 수천 명에게 브랜드를 노출시킬 수 있다. 운이 좋다면 최초 고객을 수백 명 유치할 가능성도 있다. 첫 판매에서는 이익이 남지 않더라도 차차 이익이 개선될 수 있다.

일반적으로 그루폰, 리빙소셜LivingSocial 와우처Wowcher 같은 소셜커머스의 이익률은 10~35퍼센트로 소매업체와 비슷한 수준이다. 하지만 이들은 판매자에게 제품을 정가의 50퍼센트 수준으로 할인해서 제공하라고 요구한다. 그러므로 대폭 할인을 해도 이익이 나는지 다시 계산해야 한다. 소셜커머스는 '미청구'non-redemption로 수익을 낸다. 바우처를 구매한 뒤 사용하지 않는 사람들 덕을 보는 셈이다. 소셜커머스와 거래를 협의할 때는 '미청구' 금액을 나누는지 확인해야 한다. 많은 판매업자가 이런 정보를 얻지 못해 결과적으로 매출의 상당 부분을 잃는다.

링크트인

제품에 따라 링크트인LinkedIn에서 고객을 찾을 수도 있다. 프리미엄 계정으로 업그레이드하면(한 달 무료) 잠재고객을 찾아 사이트 또는 임의로 추정한 이메일로 연락을 취할 수 있다(많은 사람들이 '이름.성@회사이름.com' 형태의 이메일을 쓴다). 링크트인에도 광고 플랫폼이 있는데 제품이나 서비스의 판매대상이 법인일 때 유용하다. 링크트인의 그룹과 이벤트도 홍보에 활용할 수 있다.

예약주문 판매

현명한 디자이너들이 단기간에 만든 시제품을 시장에 내놓기 전에 고객을 모으는 경우를 많이 봤다. 이들은 예약 주문에 1,000명 또는 외부 제작업체에 지불할 생산비용을 충당할 고객이 확보돼야 비로소 제작에 들어갔다. 제품을 실제 생산할 때 발생하는 리스크를 지지 않고도 물건의 판매여부를 먼저 확인할 수 있는 방법이다.

고객이 물건을 오래 기다려야 하는 이런 판매 모델을 귀찮게 생각하지 않겠냐고 묻는 사람이 있을지 모르겠다(예약주문에 고객의 참여가 저조하면 디자이너는 프로젝트를 아예 취소하고 환불을 진행할 수 있다). 놀랍게도 고객들은 예약판매 방식을 긍정적으로 받아들인다. 자신이 새로운 제품이 탄생하도록 지원하고 디자이너의 아이디어를 현실화시키는 데 보탬이 되고 있으며 세상에서 그 제품을 받는 첫 번째 고객이 된다는 사실을 즐기는 사람들이다. 배송이 되기까지 오래 기다려야 하는 불편을 감수해야 하지만 최초의 고객이 된다는 진기한 경험에서 더 큰 만족을 느끼는 것이다.

이미 여러 기업이 예약판매를 활용해 사업을 성공적으로 일으켰다. 영국의 메이드닷컴Made.com이 좋은 사례다. 메이드닷컴은 도심 스타일의 가구를 디자인해 인터넷에서 할인가에 판매한다. 고객이 가구를 구경할 수 있는 오프라인 쇼룸을 중심가에 열면 막대한 간접비를 지출해야 하므로 온라인 쇼룸으로 대체한 것이다.

의외로 사람들은 소파 같은 가구를 실제로 보지 않고 인터넷에서 주문한다. 심지어 가구를 받기 전까지 몇 달을 기다리기도 한다. 일부 온라인 가구 업체는 비용을 절감하기 위해 주문이 충분히 확보되기 전까지 제작을 하지 않고 기다리다가 주문이 많아져서 제작되면 컨테이너에 한번에 실어 보낸다.

킥스타터

48시간 창업에 필요한 자금을 킥스타터에서 캠페인으로 모으는 방법도 훌륭하다(국내 크라우드펀딩 서비스로는 크라우디CROWDY, 유캔스타트 UCANSTART, 오픈트레이드OpenTrade, 와디즈Wadiz, 아띠펀딩AttyFunding, 팝펀딩 popfunding, 텀블벅Tumblbug 등이 있다.—감수자). 이 모델을 모르는 사람들을 위해 설명하자면, 우선 아이디어를 설명한 인터넷 페이지를 만들고 아이디어 실현에 필요한 자금을 지원할 후원자들을 초대한다. 프로젝트를 지원한 후원자에게는 평생회원, 초판 증정 같은 혜택을 제공하고 제품이 확보되는 대로 보낼 것을 약속한다.

아이디어를 기초로 크라우드펀딩을 진행할 수 있고 다양하게 기여할 후원자를 확보한다는 점은 매력적이다. 투자를 약속한 사람은 아이디어가 성공해야 이롭기 때문에 이해관계가 생긴다. 다시 말해 투자자들은 주변 친구들에게 제품을 소개해주고 기업에 좋은 아이디어도 제공하며 장기적으로는 충성고객으로 남는다.

"때를 만난 아이디어만큼 강력한 것은 없다."는 옛 속담이 있다. 킥스타터 캠페인에 시의 적절한 아이디어를 내놓기만 한다면 순식간에 대박을 터뜨릴 기회를 잡을 수도 있다. 이미 많은 기업인들이 킥스타터를 통해 프로젝트를 추진해 몇 시간 만에 수백만 달러를 모집한 것으로 알려졌다.

보도자료

슈퍼잼이 성공하는 데는 언론보도가 지대한 공헌을 했다. 신문, 잡지, 라디오와 텔레비전 프로그램과 진행한 수백 건의 인터뷰가 오늘날의 슈퍼잼을 만들었다고 해도 과언이 아니다.

제품에 대해 써달라며 기자들에게 직접 돈을 건넬 수는 없다. 적어도 대부분의 나라에서는 그렇다. 기자들이 쓰고 싶고 독자들이 읽고 싶어 하는 이야기가 있어야 한다. 이야기에 그런 힘을 불어넣는 마법의 비밀이란 존재하지 않는다. 나는 사실 보도자료를 작성해본 적도 없고 홍보대행사도 거의 쓰지 않았다. 그러다 보니 일을 추진할 때마다 어딘가 어긋나기 일쑤였다. 물론 유능한 홍보대행사는 분명 존재하며 찾을 수도 있을 것이다. 하지만 좋은 이야기가 없다면 대행사가 돕는 데도 한계가 있다.

기자들은 시간 압박에 시달리기 때문에 이야기를 알리려면 자료를 최대한 읽기 쉽게 써야 한다. 스스로 기사를 작성한다고 생각해보자. 기사에 제목과 부제를 달고 이야기에 관련 있는 사람들을 인용하면 기자들이 추가로 인용과 정보를 취재할 때 활용할 수 있다. 사진도 같이 보내면 언론사에서 사진기자를 따로 보내는 수고를 하지 않아도 된다.

특정 산업분야에서 일하는 경우 전국적인 매체보다는 관련 산업에 특화된 전문지의 보도에 더 관심이 갈 것이다. 그렇다면 산업을 담당하는 매체와 기자를 찾아 연락해서 이야기 거리를 전달한다. 많은 경우 기사를 작성한 기자의 이름은 기사 끝에 나와 있으니 이메일을 보내는 일은 그리 어렵지 않다!

블로거

어떤 제품을 만들든 그 제품에 대해 글쓰기를 원하는 블로거들이 수천 명은 족히 된다. 일반적으로 블로거들은 돈을 벌려는 사업적인 목적보다는 관심 분야에 대한 열정 때문에 콘텐츠를 생산하는 작가에 가깝다. 그러므로 제품을 무료로 제공받게 되면 블로거는 꽤 기뻐할 것이다.

이제까지 사업을 할 때마다 우리 브랜드와 연관성이 있는 블로거 목록을 작성했다. 그리고 블로거들에게 이메일을 보내 제품을 소개하고 혹시 관심이 있거나 리뷰를 할 의향이 있으면 무료 샘플을 제공하겠다는 제안을 했다. 블로거들은 대부분 긍정적인 답메일을 바로 보내준다. 미처 알아차리기도 전에 이미 우리가 속한 산업에 지대한 열정을 가진 누군가와 정감 있는 대화를 진행한 셈이다.

제품의 품질에 자신이 있다면 블로거와 기자들에게 기꺼이 무료 샘플을 제공해야 한다. 샘플을 받았다고 그들이 호의적인 평가를 해야 할 의무는 없지만 제품이 좋으면 칭찬을 담은 리뷰를 써준다. 기사나 블로그 글을 홈페이지에 링크하면 트래픽이 증가하는 효과가 있으며 특히 구글에서 랭킹을 끌어올리는 역할을 한다.

블로거들이 샘플을 사용해본 후에도 관심을 이어가면서 정보와 재미를 담은 포스팅을 하도록 다양한 정보와 사진을 계속 제공하라. 새로운 흥밋거리가 생겼을 때도 블로거들과 공유한다. 그러면 상황이 진전됨에 따라 일어나는 소식을 블로거들이 적극 다뤄줄 가능성이 높다.

무료 샘플

무료 샘플 제공은 입소문을 낼 수 있는 가장 간단한 방법이다. 누구나 공짜로 물건받기를 좋아하며 그 제품이 좋으면 구매를 고려하는 사람도 많다. 벌써 나부터가 공짜라면 사족을 못 쓰는 사람이다. 슈퍼마켓에 가면 늘 공손하게 샘플을 받아 오는데 그러고 나면 왠지 그 물건을 사야 할 것 같은 느낌을 받는다. 심지어 샘플에 완전히 빠져서 온종일 샘플 제작에 매달린 적도 있다!

샘플이 아니면 대다수의 사람들은 모르는 제품에 눈길 한 번 주지 않는다. 그러므로 샘플을 나눠주는 데 큰돈이 들지 않는다면 만나는 사람들에게 줄 샘플을 늘 지니고 다니는 편이 좋다. 모두가 잠재고객이니까!

언젠가 리글리Wrigley 껌의 창립자인 윌리엄 리글리William Wrigley에 대해 읽은 적이 있다. 리글리는 미국의 전화번호부에 있는 약 50만 명 모두에게 껌을 한 통씩 보내 오늘날의 껌 왕국을 일궜다. 공짜 껌을 받은 많은 사람들이 정가로 제품을 구입하고 싶다는 답을 보냈다. 그다음부터는 우리 모두가 아는 역사다.

리글리에게 영감을 받은 나는 슈퍼잼을 대대적으로 나눠주면 어떤 일이 일어나는지 확인하고 싶었다. 몇 년 전 우리는 일간지 〈선〉The Sun 의 모든 구독자들을 대상으로 슈퍼잼을 무료로 나눠주는 캠페인을 진행했다. 비용은 무료로 재공한 잼이 유일했다. 신문사 입장에서도 무료 샘플을 제공하면 판매부수가 증가하기 때문에 이벤트에 찬성했다.

우리는 신문 앞면에 슈퍼잼을 판매하는 상점에서 잼과 교환할 수 있는 쿠폰을 인쇄해 넣었다. 〈선〉은 영어권에서 최대 판매부수를 자랑하는 신문으로, 매일 550만 명가량의 독자가 이 신문을 읽는다. 게다가 오디션 TV프로그램으로 인기 스타가 된 수전 보일Susan Boyle의 특별 기사가 실린 페이지 앞면에 내가 소개되기까지 했다. 스코틀랜드인으로서 가장 자랑스러웠던 순간이었다!

쿠폰이 인쇄된 날 슈퍼잼은 동이 났다. 이전에는 우리 브랜드에 대해 듣지도 못했을 사람들에게 수만 병이 배포된 것이다. 무료 샘플 실험을 한 후 몇 주일간 잼 매출이 크게 늘어 우리의 전략이 주효했던 것으로 드러났다.

이후에도 비슷한 행사를 몇 번 더 진행했다. 〈선〉 외에도 여러 신문과 잡지에 쿠폰을 넣어 보고 반응이 제일 좋은 곳에 쿠폰을 제공했다. 결과적으로 신문과 여성 잡지에 총 5,000만 장의 쿠폰을 넣었다. 쿠폰으로 제공된 잼은 정가로 따지면 총 1,000만 파운드(약 152억 원)에 달했는데 어느 순간 겁도 났다. 쿠폰을 가진 사람들이 전부 슈퍼마켓으로 달려가서 공짜로 잼을 가져가면 우리는 어떻게 비용을 감당할 것인가!

전국지에 쿠폰을 활용한 홍보를 여러 번 하면서 수백만 명의 독자들에게 슈퍼잼을 알렸다. 특히 쿠폰은 홍보 효과를 따져볼 수 있어 좋았다. 매체마다 다른 형태의 쿠폰을 넣었기 때문에 어떤 신문에서 오린 쿠폰인지 알 수 있었다. 잼과 교환된 쿠폰 수를 세어보면 어느 매체에 홍보해야 가장 효과가 좋은지 드러났다. 결과적으로 무료 샘플은 매출을 크게 끌어올렸고 비용도 금세 충당됐다.

신문과 잡지의 쿠폰 외에도 점포에 서서 지나가는 쇼핑객들에게 제품을 권하는 방식도 있다. 생산자 직거래 장터에 좌판을 설치했다면 지나가는 이들에게 나눠줄 샘플을 넉넉하게 준비한다.

인쇄 광고

"인쇄 광고의 가치는 지출한 비용의 10분의 1에 불과하다."는 속담이 있다. 게다가 어느 매체의 효과가 좋은지도 알 수 없으며 스타트업을 홍보하기에 저렴한 방법도 아니다. 대다수의 저명한 출판물은 최소한 1,000파운드(약 152만 원) 이하의 광고에는 흥미를 보이지 않을 것이다. 홍보 효과를 최대한 얻기 위해 여러 매체에 대대적으로 광고하기를 원할 수도 있다. 선택적으로 광고를 실었을 때 브랜드와 어울리지 않아 효과가 반감되는 리스크를 줄이기 위해서다.

일반적으로 독자들은 기사에 관심을 둘 뿐 광고는 보통 그냥 지나친다. 그러니 무료로 광고 지면을 얻을 수 있다면 가장 좋다. 현실적으로 광고비를 내고 실은 광고를 눈여겨보는 사람은 극히 드물다.

여러 문제점이 있기는 해도 성공한 많은 기업은 인쇄 광고 덕분에 그 위치에 올라갔다. 또한 브랜드 광고를 특정 주제에 집중하는 출판물에만 하고 그 주제에 관심을 가진 소비자층에만 홍보하는 데는 그만한 이유가 있다. 나는 전통적인 인쇄매체 홍보에 대해 사람들로부터 많은 조언을 듣기도 하고 교훈도 얻었다. 내 경험이 인쇄 광고를 활용해 신생 브랜드를 홍보하려는 사람들에게 도움이 되기를 바란다.

성공적인 인쇄 광고를 파악하는 가장 좋은 방법은 같은 매체에 반복적으로 등장하는 광고를 눈여겨보는 것이다. 지금까지 100번 마주친 광고라면 당연히 알아볼 수 있다. 대체로 '지금 전화주세요'나 '특별 쿠폰으로 할인을 받으세요' 같은 광고다. 일반 상점에서는 찾기 어려운 진부하거나 기이한 물건이 주로 홍보된다. 눈에 띄지도 않고 디자인 상을 받은 적도 없으며 치약, 애견 사료 광고에 주로 활용되는 '브랜드 구축' 스타일의 광고에 비해 글자가 빽빽하다. 그럼에도 효과가 있다는 사실이 중요하다. 직접 반응 광고direct response advertising의 광고주는 매체마다 광고가 매출에 얼마나 기여했는지 정확히 파악할 수 있다. 물론 판매효과를 가늠할 수 있도록 광고마다 다른 전화번호나 할인 코드를 넣는 등의 방법을 취해야 할 것이다. 효과가 신통치 않은 잡지에는 두 번 다시 광고를 싣지 않을 것이다.

이런 광고는 오리지널 A/B 스플릿 테스터split tester이기도 하다. 직접 반응 광고주는 똑같은 광고를 두 가지 버전으로 시험해본다. 제목을 달리해서 광고를 내보내 어떤 쪽이 매출에 더 기여했는지 살피는 것이다. 광고 레이아웃과 카피를 끊임없이 수정하고 테스트하면서 가장 좋은 결과를 내는 최적화된 광고를 제작할 수 있다.

축적된 정보를 기반으로 분석해보니 독자들의 반응을 즉시 이끄는 광고는 제품 옆에 포즈를 취하고 있는 예쁜 소녀의 사진이 아니라 일반적인 기사와 흡사한 형태의 광고였다. 직접 반응 광고는 글, 사진을 활용해 제품의 기능을 명쾌하게 설명한다. 사람들이 왜 제품을 구입해야 하며 '오늘 당장' 사야 하는지 그 이유를 파고든다.

인쇄광고는 효과가 보장되지도 않는 값비싼 실험에 그칠 가능성이 높다는 점에 주의한다. 또한 디자인이 형편없는 광고는 오히려 독이 될 수 있다. 홈페이지처럼 포장과 광고는 소비자들이 시각적으로 판단할 수 있는 유일한 정보다. 경험이 풍부한 디자이너를 고용하는 데 아낌없이 투자해서 근사하고 메시지 전달에 효과가 큰 광고를 만들 것을 당부한다.

사실 나는 거액이 드는 인쇄광고에 대한 계획조차 세워본 적이 없다. 효과를 측정할 수 있으면서 사업 초기의 예산에 영향을 덜 미치는 광고 수단이 많기 때문이다. 인쇄광고는 시험 삼아 소액으로 도전해보고 어떤 디자인이 효과적인지 파악되면 금액을 늘리는 방식을 쓸 수 없다는 문제가 있다.

그렇다고 방법이 아예 없는 건 아니다. 신문이나 잡지 측과 고객유입비용cost per acquisition 거래를 협의할 수도 있다. 매체에서 유입되는 고객 당 일정 금액의 수수료를 지불하는 방식이다. 광고주 입장에서는 리스크가 없고 신문사에서도 고정된 가격에 채워지지 않는 지면을 활용해 광고 매출을 올릴 수 있는 이점이 있다.

목표고객이 많이 읽는 전문 잡지나 신문에 광고하면 인쇄광고의 리스크를 줄일 수도 있다. 전문지는 창업소식을 알리기에 좋은 공간이기도 하다. 목표고객을 집중적으로 공략하기 때문에 실패할 확률이 적은 편이다. 또한 광고단가를 흥정할 여지도 있다. 많은 출판물이 처음 광고를 싣는 광고주에게 특별 할인을 제공한다.

광고를 제작할 때는 어떤 메시지를 전달할지 머릿속에 분명한 아이디어가 있어야 한다. 사람들이 당장 제품을 사야 하는 이유가 무엇인가? 이런 메시지가 자신조차 명쾌하지 않으면 독자들에게는 더 흐릿하게 전달될 수밖에 없다.

메시지를 사람들에게 강요하지 말고 자연스럽게 흥미를 이끌도록 자극하는 광고를 만든다. 입장을 바꿔 자신이 신문을 읽는다고 생각해 보라. 시선이 가고 호기심을 자극하는 카피, 눈에 띄는 사진, 기존 사용 고객의 추천도 모두 효과가 좋다. 당신은 제품을 잘 알고 있는 전문가다. 따라서 독자들이 당신의 열정을 발견하고 남들과 어떤 점에서 차별화되는지 알도록 하는 광고를 어렵지 않게 작성할 수 있어야 한다.

48시간 창업 프로젝트에서는 당장 신문이나 잡지에 광고가 나기를 기대할 수 없다. 하지만 광고문구를 쓰고 디자인해서 몇 시간 안에 첫 번째 광고일정을 협의하는 일은 충분히 가능하다. 조언을 하자면, 직접 광고를 만들어라. 그다지 매력적인 광고는 아니지만 매체마다 매출에 기여하는 정도를 파악할 수 있어 향후 광고를 개선시키고 매체를 선정하는 데 값진 교훈을 준다. 예산이 빠듯한 스타트업인 만큼 가능한 단기간에 성과를 내는 광고를 만들면 좋다.

광고용 우편물

신생기업을 알리기 위해 광고용 우편물을 보내는 작업만큼 낭만이 없는 일도 없다. 물론 광고판을 앞뒤로 매고 거리에 서 있는 일은 제외하고 말이다. 광고용 우편물이라고 하면 매일 우편함을 점령하는 온갖 광고전단이 떠오를 것이다. 형편없는 디자인의 광고지를 읽고 전화를 들어 주문을 하는 사람이 있을지 모른다는 희망에 정원사, 택시회사, 피자가게에서 온 동네에 뿌린 그런 광고지 말이다.

새 기업의 홍보에 쓰기에 그다지 매력적인 방법은 아니지만 디자인을 제대로 해서 목표고객에게 보내면 소중한 첫 고객을 성공적으로 발굴할 수 있다. 모든 신규기업에 적용할 수 있는 방법은 아니지만 특정지역의 고객을 대상으로 하는 사업에는 꽤 효과가 좋다. 특정분야의 기업에게 제품판매를 목표로 하는 경우에도 바람직하다. 예를 들면 애완동물 용품의 제작을 시작했다면 샘플이나 관련 정보를 국내의 모든 애완동물 숍에 직접 보내는 것이다.

광고용 우편물의 디자인은 흥미롭고 재미있게

광고용 우편물을 어떻게 디자인할지 궁리할 때 지금 자신이 고객의 인생에 끼어들려는 것임을 정확히 인지해야 한다. 고객들은 소식을 듣고 싶어 하지도 않으며 솔직히 당신의 홍보에 관심도 전혀 없다. 뜬금없이 기업에 대한 광고를 우편함으로 보내는 일은 꽤 무례하기까지 하다. 그러므로 사람들이 시간을 내서 관심을 기울이게 하려면 우편물의 디자인이 흥미롭고 재미있어야 한다. 쓰레기통에 던져 넣을 가능성이 낮은 유용한 물건을 같이 넣어 보내면 효과가 더 좋다.

자, 이제 고객이 당신에 대해 알게 됐다. 그러면 당신이 원하는 바가 무엇인지 분명하게 전달할 단계다. 앞으로 일주일 안에 인터넷이나 전화로 주문을 하는 이에게 특별 할인을 제공하면 어떤가? 당장 구매해야 한다는 긴박감을 주면 우편물 수신자가 구매에 나설 수도 있다. 그렇지 않으면 당신은 또다시 기억 저편으로 사라져 잠재고객을 놓치고 만다.

광고용 우편물은 기업의 첫 인상이나 다름없다. 충분히 투자해서 보기 좋고 시선을 끌도록 만들어야 한다. 보는 이들을 다그치는 대신 재미가 있고 관심을 유발하도록 메시지를 전달할 방법을 떠올려보라.

요즘 내게 우편물이 오는 경우는 거의 없다. 아마 다른 사람들도 광고전단이나 청구서 등 원치 않는 우편물 정도만 받을 것이다. 따라서 우편물의 디자인만 잘하면 우편함을 열었을 때 뜻하지 않은 놀라움을 선사할 수도 있다. 페이스북 시대에 굳이 시간을 들여 엽서나 손편지를 보내는 친구는 더 특별하지 않은가. 훌륭한 광고 우편물도 그런 마법을 노려야 한다.

우편 광고를 매출로 전환시키기

잠재고객에게 광고용 우편물이나 제품 샘플을 보낸 다음날 확인 전화를 걸어야 한다. 우편물을 받은 수신자에게 당신의 제안을 어떻게 생각하는지 의견을 물으라. 광고용 우편물과 전화판매가 잘 조합되면 그들의 구매 의사를 불러일으키는 효과를 낼 수 있다. 광고가 제대로 됐다면 확인전화가 실제 구매로 이어질 수 있는 것이다.

고객에게 전화를 할 계획이 있든 없든 광고 우편물을 본 사람들이 사이트의 캠페인 페이지로 정확히 연결되도록 해야 한다. 광고에 반응을 하는 사람들을 대상으로 'www.홈페이지이름.com/campaign' 형식으로 랜딩 페이지를 제작하는 방법이 있다. 이 페이지에서는 의문점을 풀어주고, 마케팅 전단에 인쇄된 코드로 제품 및 서비스를 할인가에 체험할 기회도 제공한다. 랜딩 페이지는 전환을 추적하는 데도 도움이 되며 캠페인으로 새로 유치한 고객수를 정확히 알 수 있다. 이런 방법이 아니면 광고 캠페인이 얼마나 성공적이었는지, 비슷한 광고를 또다시 해야 하는지 절대로 알 수 없다.

타겟 마케팅

우편으로 광고지를 보내면 기본적으로 무료인 이메일을 보낼 때보다 비용이 많이 든다. 다시 말해 우편 광고에 성공하려면 구매 가능성이 전혀 없는 사람들에게 전단을 보내느라 돈을 낭비하는 일이 없도록 최선을 다해야 한다.

캠페인 대상이 구체적일수록 제품을 주문하는 사람들이 늘어 구매 전환율이 상승한다. 전환율은 타깃 마케팅에서는 마치 마법의 수와 같으며 이 수치를 올리기 위해 무슨 일이라도 하고 싶을 것이다. 가장 최신의, 질 좋은 데이터를 기반으로 광고대상을 정확히 지정하면 효과가 극대화된다.

직접 마케팅을 계획할 때는 법을 준수하는 범위에서 홍보하고 데이터를 수집하는 것이 중요하다. 관련 지침은 정보감독원Information Commissioner 홈페이지에서 확인할 수 있다.

데이터 구매

앞서 잠재고객의 이름과 주소를 얻을 수 있는 여러 방법을 소개했다. 저렴하지는 않더라도 손쉬운 방안은 국립 우체국Royal Mail에서 데이터베이스를 구매하는 것이다(대다수 나라의 우체국이 비슷한 서비스를 제공한다). 여기에서는 특정 기준으로 거른 데이터베이스를 구입할 수 있다. 예를 들어 최근 이사한 사람이나 100만 파운드(약 15억 원) 이상의 주택에 거주하는 사람들의 주소를 확보해 우편을 보내는 것이다.

법인을 대상으로 제품을 판매한다면 국내의 반려동물 용품점, 아이스크림 가게, 원예 용품점 전체의 데이터를 구입할 수 있다. 법인을 설립할 때 사업유형을 선택해야 하는데 이런 정보는 일반에게 공개된다. 적은 돈을 내고 잠재고객의 목록 전체를 손에 넣었으니 이제 멋진 제안을 담은 우편물을 돌릴 준비가 끝났다.

시험 마케팅 캠페인

이 책의 앞에서 했던 고객 테스트와 마찬가지로 대규모 캠페인을 하기 전에 데이터의 품질을 알아보는 것이 좋다. 잠재고객의 정보를 다른 브랜드에서 얻었든 전문대행사에서 얻었든 보유한 데이터베이스의 랜덤 샘플이 있다. 제공받은 정보의 정확성을 체크하기 위해 홍보의 중요성에 따라 50명 또는 500명 등 소규모 집단에 캠페인을 실시해본다.

모든 홍보가 그렇듯 증명되지 않은 방법에 무작정 뛰어들어 전부를 걸지 말고 일단 소규모 캠페인을 진행하는 것이 좋다. 정확히 얼마의 매출을 올렸는지 파악하려면 첫 번째로 발송한 우편의 전환율을 주의 깊게 추적한다. 우편 발송 비용보다 이익이 더 크다면 캠페인을 대대적으로 진행할 만하다. 그렇지 않다면 전환율을 개선할 수 있도록 디자인이나 타깃을 수정한다.

이메일 마케팅

우편 광고가 우편함에 전단을 넣는 방식일 필요는 없다. 디지털 방식으로도 가능하다. 스타트업을 비교적 저렴하고 분명하게 홍보하는 방법이 이메일 마케팅이다. 하지만 이미 대다수의 사람들이 하루에 수백 통의 이메일을 받는데다 그 대부분이 스팸이어서 눈에 띄는 즉시 휴지통으로 버려진다. 냉정한 수신자들이 당신의 메시지를 열게 할 방법을 깊이 생각할 필요가 있다.

우편 주소를 구입하듯 대상을 좁힌 개인이나 법인의 이메일 데이터베이스도 구할 수 있다. 확보한 이메일 데이터를 메일침프(마이메일러, 뿌리오, 오즈메일러—감수자) 등 대량 이메일 서비스에 업로드하면 홍보 메일이 발송된다. 하지만 지나치게 광고 느낌이 나면 안 된다. 수신자의 2퍼센트 이상이 스팸 메일로 분류하면 앞으로 이메일 캠페인을 진행하기가 상당히 어렵기 때문이다.

기존 이메일 뉴스레터에 비용을 지불하고 광고를 싣는 방안도 있다. 운동선수나 양봉업자 등 특수 이해집단을 대상으로 판매를 계획할 때 딱 맞는 방법이다. 이메일 리스트의 소유자에게 캠페인으로 유치된 고객 한 사람당 수수료를 주는 방안을 제안할 수 있다.

이메일을 몇 명에게 보내든 각 수신자에게 맞춤형으로 구성하도록 신경을 쓴다. 각 목표 고객에게 적합한 맞춤형 제안을 할수록 제품을 구매할 가능성이 높아진다. 아주 간단하다. 이메일 마케팅은 잠재고객의 정보를 기초로 완벽한 맞춤형 이메일을 보낼 수 있다는 점에서 효과적이다. 잠재고객이 인터넷 상점에서 둘러봤던 제품, 거주하는 지역, 연령대 모두 맞춤형 이메일의 재료가 되는 유용한 정보다.

이메일 메시지는 간결하고 톡톡 튀게 작성한다. 수신자에게 무엇을 바라는지 분명하게 밝힌다. 제품에 대한 피드백을 원하고 있는가? 고객이 특별제안으로 할인 혜택을 보기 바라는가?

또한 기업에 연락을 하려는데 이메일 주소를 모르는 경우 'info@'으로 메일을 보내면 대부분 해당 기업의 홈페이지 담당자에게 전송된다. 작은 기업인 경우에는 담당자가 마케팅까지 같이 맡고 있을 수 있으며 심지어 기업의 대표인 경우도 있다.

전화 판매

'전화판매'라는 말만 들어도 등골이 오싹할 것이다. 사실 수화기를 들고 전화번호를 눌러 물건 팔기를 즐긴다는 사람을 한 번도 본 적이 없다. 나 역시 고객에게 전화 걸기를 끔찍하게 싫어한다. 제품을 팔겠다고 상대방의 시간을 빼앗는 무례를 범하고 있다는 느낌이 들기 때문이다. 안타깝게도 누군가에게 연락을 할 때 전화번호를 누르는 것보다 더 나은 방법이 없다. 대형 소매업체의 바이어에게 물건을 판매하는 경우처럼 특정 수신자와의 통화에 사업 전체의 명운이 달려 있다면 두려움을 떨쳐버리고 전화기를 드는 수밖에 없다.

모든 직접 마케팅과 마찬가지로 전화판매에도 과학적이고 측정 가능한 접근을 해야 한다. 그러려면 우선 효과가 있을 법한 대본을 작성한다. 오늘 왜 전화를 걸었으며 어떤 제안을 하려는지 묻고 잠재고객에게 네, 아니오 이외의 답을 이끌어내는 질문도 넣는다. 전화통화를 하면 할수록 효과적인 방법과 신통치 않은 방법이 드러난다. 효과가 가장 좋은 방법을 찾을 때까지 대본을 수정하고 테스트하며 제안방식을 개선해본다. 쉰 번째 통화를 끊고 나면 첫 번째 통화와 비교해 성과가 얼마나 좋은지 스스로 놀라게 된다. 홍보가 효과적일수록 자신감도 올라가 마침내 수화기를 드는 일이 편안해진다.

박람회

몇 년 동안 슈퍼잼의 판매점을 개척하고 고객들에게 브랜드를 알렸던 좋은 방법 가운데 하나가 무역 박람회, 음악제, 식품 박람회 같은 대규모 이벤트 참여였다. 브랜드 홍보에 적합한 이벤트를 찾아 부스를 설치하고 그곳을 오가는 수천 명의 사람에게 브랜드를 알릴 수 있다. 샘플과 홍보 자료를 나눠줄 기회가 많고 상품 추첨행사로 사람들의 연락처를 수집할 수도 있다.

제품이 치약이든 재활용 서비스든 가구든 그 산업에 종사하는 사람들이 한자리에 모여 며칠 동안 자기 제품을 알리는 박람회가 전 세계에서 열린다. 이곳은 시장조사를 할 수 있는 좋은 장소이면서 잠재고객을 만나거나 경쟁사의 제품을 '구매할' 기회다. 잠재고객인양 방문해서 판매과정과 특가제품을 관찰하고 자기 사업에 적용할 만한 통찰력을 얻는 것이다.

박람회에서 꼭 부스를 설치해야 하는 것은 아니다. 잠재고객이 전시장에 있다면 그들의 부스를 찾아가 자신을 소개해보면 어떤가. 약간 뻔뻔한 방식이기는 하다. 물건을 팔려고 참가비를 내고 이벤트에 온 상대에게 오히려 물건을 구매하라는 제안을 하는 격이기 때문이다. 하지만 그렇게 얼굴을 마주할 기회가 날마다 오지 않는다. 또 전시장에 잠재고객이 나란히 모여 있다면 만나는 일은 식은 죽 먹기다!

이벤트와 박람회는 같은 분야에 종사하는 다른 기업가와 기업을 만날 수 있는 아주 좋은 방법이기도 하다. 일에 관한 대화를 나눌 수 있고 상대는 제품을 어디에 파는지, 누구를 만나 이야기해야 하는지 파악할 수 있다. 서로 도와서 새 고객을 발굴하는 제휴관계를 맺을 기회도 있다.

전시회에 자체 부스를 만들기로 결정했다면 흥미진진한 일을 벌일 때 수백 명이 브랜드 앞으로 우르르 몰려들 수 있다. 요리 시연이나 독특한 진열대 디자인, 무료 샘플, 하다못해 무료 맥주를 활용해 행사장에 있는 참가자 수백 곳과 차별화를 꾀하라. 물론 이 과정에서 방문자들의 명함이나 연락처를 확보해야 한다. 그래야 전화나 만남을 이어갈 수 있고 궁극적으로 거래를 따낼 수 있다. 훗날 이벤트에서 만났던 일을 상대가 기억한다면 전혀 맥락 없이 전화를 걸어온 경우보다 당신과 대화에 응할 가능성이 높다.

초창기에 슈퍼잼을 홍보할 때는 행사장에 폭스바겐의 마이크로 승합차인 1973년식 발레리_{Valerie}를 몰고 갔다. '잼 모바일'_{Jam Mobile}이라고 이름 붙인 그 차는 그리 빠르지도 않고 행사장으로 가는 길에 고속도로에서 주저앉기 일쑤였다. 그래도 일단 도착하고 나면 많은 사람들이 발레리 주변에 설치한 우리 행사장에 몰려들었다. 발레리는 슈퍼잼 브랜드를 알리면서도 북적이는 행사장에서 우리가 돋보이도록 신나는 공간을 만들어준 탁월한 도구였다.

티켓 이벤트

이벤트에 참여만 할 것이 아니라 직접 이벤트를 개최할 수도 있다. 그것도 며칠 만에 이벤트 사업을 시작할 수 있다. 첫 번째 이벤트의 아이디어와 홍보 사이트를 만들면 참석자들을 즉시 모을 수 있다. 이벤트브라이트_{Eventbrite.com}는 이벤트 표를 온라인에서 판매하는 훌륭한 서비스를 제공한다. 특별 할인 코드와 게스트의 목록을 만들고 참석자들이 이벤트에 대한 정보를 계속 얻도록 도와준다.

이벤트 개최가 말처럼 쉽지는 않다. '변수'가 무척 많아서 일이 틀어질 가능성이 꽤 높다. 48시간 창업 프로젝트로는 비교적 아늑한 분위기의 이벤트를 열라고 조언하고 싶다. 250명을 초청하느라 전력을 다하기보다는 50명을 목표로 표를 판매하라. 첫 번째 이벤트의 표가 매진되면 앞으로 더 큰 이벤트의 표를 판매하기가 훨씬 수월해진다. 또한 첫 이벤트에서 콘셉트를 테스트하면서 효과적인 방법이 무엇인지 파악하고 '초기 문제'가 일어나면 바로잡을 수도 있다.

파티 플래닝

이벤트의 표를 유료가 아닌 무료로 진행하고 싶은 경우도 있을 것이다. 입장료를 받지 않아도 참가자들이 이벤트에 머무는 동안 제품을 팔아서 이익을 남기는 방법이다. 이를 '파티 플래닝'_{party planning}이라고 하며 주방용품을 파는 타파웨어와 팸퍼드 셰프_{Pampered Chef}을 비롯해 수많은 기업이 이 이벤트를 기본으로 한 직접 판매로 성장했다.

관건은 사람들이 흔쾌히 참석하도록 이벤트가 흥미로워야 한다는 점이다. 예를 들어 무료로 와인 시음 기회를 주거나 특정 주제의 전문가를 초청해 토크쇼를 열 수도 있다. 이벤트를 즐긴 참석자들은 사업 아이디어에 호감을 표현하고 적어도 구매를 고려해야겠다는 생각을 할 것이다.

페이스북을 활용해 이벤트를 열고 친구와 지인을 초청할 수도 있다. 페이스북의 내장 광고 시스템을 이용해 광고비를 내면 페이스북은 이벤트에 관심을 가질 사람들에게 광고를 내보낸다.

고객 추천 제도

많은 인터넷 스타트업이 '바이럴 계수'viral coefficient를 따진다. 기존 고객들이 친구와 지인을 추천하면 인센티브를 주는 방식이다. 새로 가입하는 고객마다 평균적으로 한 명 이상을 추천해서 가입시키면 사이트는 입소문이 나서 기하급수적으로 성장한다. 이때 바이럴 계수는 1 이상이다. 이는 생각보다 무척 어려운 일이라 제작한 사이트가 기하급수적으로 성장할 가능성은 낮다. 그렇더라도 사이트를 설계할 때 고객 추천 방식을 고려할 가치는 충분히 있다. 친구의 추천이 갖는 힘은 막강하기 때문에 고객들이 친구들에게 제품을 전하도록 장려하면 아주 낮은 비용으로 새 고객을 유치할 수 있기 때문이다.

쇼피파이 같은 서비스와 부드럽게 연동되는 고객 추천 프로그램도 많다. 추천이 원활하게 이뤄지도록 신규고객에게 10퍼센트 할인을 제공하는 제안도 고려하면 좋다. 또한 할인 소식을 친구에게 전해서 가입을 유치하는 기존 고객에게도 보너스를 제공한다.

제휴 제도

제휴는 블로거 등의 파트너가 사이트의 링크를 홍보하고 블로그 방문자들에게 제품의 구매를 권하도록 유도하는 방식으로 고객 추천제와 비슷하다. 제휴 파트너 사이트의 방문자들이 링크를 클릭하면 방문자의 컴퓨터에 '쿠키'가 생성된다. 따라서 고객의 주문이 들어오면 시스템은 그 고객이 어느 경로로 들어와 주문하는지 파악할 수 있다. 제휴 파트너에게는 링크를 통해 발생한 매출의 몇 퍼센트를 지불한다. 제휴 제도를 활용하도록 돕는 제휴관리 플랫폼도 다양하며 쇼피파이 등에 순조롭게 연동된다.

반대로, 당신의 사이트에 들어온 방문자들 중에 관심을 가질 만한 고객에게 제휴 기업의 제품이나 서비스 광고를 내보내 수익을 낼 수도 있다. 블로그나 뉴스 사이트처럼 무료로 운영되는 웹사이트가 매출을 올리는 주된 방식이다.

할인 코드

할인 코드는 사람들이 처음으로 지갑을 열도록 유도하는 간단한 방법이다. 쇼피파이 같은 서비스를 쓰고 있다면 계정의 관리부분에서 쉽게 설정할 수 있다. 예를 들어 첫 번째 주문에 한해 무료 배달 서비스를 제공하거나 50파운드(약 7만 6,000원) 이상 주문시 10퍼센트 할인을 제공하는 식이다.

할인 내용을 설정했으면 사람들에게 할인 소식을 알릴 차례다. 트위터 팔로워 등에게 알리거나 이메일의 서명 아랫부분에 코드를 붙여 블로거가 독자들에게 소식을 알리도록 제휴하는 방법도 있다.

제휴 제도를 운영하고 있다면 할인 코드를 절약 포럼과 할인 코드 어그리게이터aggregator(여러 회사의 상품정보를 모아 제공하는 회사나 사이트—옮긴이)에게 보낸다. 마이바우처코드MyVoucherCodes, 바우처코드VoucherCodes, 머니세이빙엑스퍼트MoneySavingExpert, 핫딜HotDeals 등이 대표적인 어그리게이터다(국내에는 스포카spoqa의 도도포인트dodopoint에서 이용할 수 있다.—감수자). 이들은 구독자나 방문자에게 인터넷 모든 웹사이트에서 할인을 받을 수 있는 코드를 제공한다. 방문자가 코드를 클릭하면 브라우저에 쿠키가 삽입된다. 실제로 주문이 발생하면 코드 제공자는 어그리게이터 측에 매출의 일부분을 나눠준다. 다른 제휴 거래도 방식은 비슷하다.

홈쇼핑 채널

잼 사업을 하면서 근사한 곳에 갈 기회가 많았다. 그런데 실제로 방문하게 될 줄 상상도 못했던 장소가 있으니 세계적인 홈쇼핑 채널인 QVC의 스튜디오가 바로 그곳이다. 많은 기업인들이 판매 채널을 고려할 때 홈쇼핑을 간과한다. 그러나 텔레비전 앞에 앉아 있는 사람들이 매년 수십억 파운드어치의 물건을 홈쇼핑으로 구매한다는 사실을 기억할 필요가 있다.

어떤 사람들은 홈쇼핑에서 파는 상품의 질이 낮고 억지로 구매를 요구한다고 추측한다. 실제로 그런 일이 벌어지면 아마 분노한 소비자들이 제품을 무더기로 반품시키는 사태가 일어날 것이다. 이것은 홈쇼핑 채널 측에서 절대 원하지 않는 상황이다. 직접 경험한 바로는 홈쇼핑 채널이 다른 곳보다 더 깐깐하게 품질을 관리했다. 뒤집어 말하자면 48시간 안에 사업 아이디어를 텔레비전 화면으로 보내는 일은 불가능하다. 그렇더라도 홈페이지를 만들고 홈쇼핑 채널의 바이어에게 시제품을 보내 피드백을 요청할 수는 있다. 홈쇼핑의 품질관리를 통과하려면 많은 작업을 해야 하지만 일단 바이어가 제품을 마음에 들어 하면 한 달이나 두 달 안에 전파를 탈 가능성이 있다.

슈퍼잼은 영국과 한국의 홈쇼핑에서 판매됐는데 엄청나게 반응이 좋았다. 홈쇼핑으로 수십만 명의 고객들에게 제품을 판매할 수 있었다. 게다가 구매자보다 더 많은 수의 시청자들이 프로그램을 보면서 브랜드를 접했다. 텔레비전의 브랜드 구축 능력이 강력하다는 사실을 고려하면 홈쇼핑 채널에서의 판매는 기업을 성장시키고 차별화된 이야기를 전달하는 데 큰 도움이 된다.

특히 홈쇼핑에서 슈퍼잼 판매가 성공적이었던 이유는 이야기를 풀어 놓을 기회를 마련해줬기 때문이 아닐까 생각한다. 기업은 쇼가 진행되는 짧게는 8분, 길게는 40분 동안 메시지를 전달할 수 있다. 소비자들이 일주일에 한 번 슈퍼마켓에서 식료품을 쇼핑하면서 슈퍼잼의 포장을 흘깃 보고 지나가는 것과 비교하면 이는 영겁에 가까운 시간이다.

홈쇼핑에 출연하려면 우선 오디션을 봐야 한다. 쇼 제작자는 게스트가 자신의 이야기를 생방송에서 편안하게 들려줄 수 있는지 평가하고 주어진 시간에 메시지를 가장 효과적으로 전달할 수 있는 요령도 알려준다.

마침내 첫 방송 날짜가 잡혔다. 전혀 경험한 적이 없는 일이라 두려움마저 느껴졌다. 막상 해보니 그렇게 겁먹을 일은 아니었다. 진행자의 능력이 워낙 출중한 데다 전문가여서 까다로운 일은 대부분 도맡아 처리했다. 나는 그저 내 이야기를 하면 됐다. 슈퍼잼을 홈쇼핑에서 처음 판매할 당시 나는 QVC 역사상 최연소 게스트였다. 2010년 11월의 어느 날, 밤 11시부터 방송이 나갔고 이때부터 슈퍼잼은 날아오르기 시작했다.

이후 이어진 많은 방송에서도 홈쇼핑의 힘이 얼마나 큰지 깨달을 수 있었다. 그러니 브랜드를 알리는 데 홈쇼핑이라는 기회를 꼭 잡으라고 신신당부하고 싶다.

타 브랜드와의 제휴

아마 내가 선배 창업자들의 '어깨에 올라타' 지름길을 찾거나 매출을 끌어올리는 전략을 즐겨 사용해왔다는 사실은 눈치챘을 것이다. 지금까지 사업을 할 때마다 나는 마음이 맞는 기업과 제휴를 해서 매출을 늘렸다. 슈퍼잼의 경우 차, 비스킷, 클로티드 크림clotted cream(영국에서 애프터눈 티를 즐길 때 빵에 발라 먹는 크림—옮긴이) 기업과 손잡고 판매와 홍보를 추진했다. 비어52는 와인 기업, 식품 배달 기업, 심지어 피자 레스토랑과 제휴해서 크래프트 비어를 즐길 만한 사람들에게 브랜드를 알렸다.

다른 기업과 손잡고 상부상조할 때는 따로 비용이 들지 않아 좋다. 예를 들어 맥주를 배송하면서 와인 회사의 바우처를 넣어주고, 와인 회사도 같은 일을 해주는 식이다. 술을 좋아하는 고객들에게 각자의 제품을 알릴 수 있고 아주 적은 비용으로 고객을 유치할 수 있다.

물론 초기에는 제휴를 하더라도 파트너의 제품을 홍보해줄 만한 고객 기반이 없다. 그때는 상대에게 색다른 제안을 해볼 필요가 있다. 파트너가 보내주는 고객 한 명당 수수료를 주거나 당신이 만든 제품을 무상으로 제공하는 방법이 있다. 상대의 제품이 보완재라면 무상으로 받은 제품을 고객에게 무료로 권하는 데 만족해할 수도 있다.

밋업

판매할 물건이 틈새시장이나 특정 집단과 관련돼 있다면 해당 주제를 논의하러 회의를 하는 단체나 협회와 접촉해 잠재고객을 발굴하는 접근법이 효과적이다. 어쩌면 그 이벤트와 제휴해서 기업을 홍보하거나 참석자들에게 아이디어를 개인적으로 알릴 기회를 얻을 수도 있다.

개인적으로 가장 선호하는 사이트는 밋업Meetup.com이다(국내에는 온오프믹스onoffmix와 심플레이스www.symplace.kr가 있다.—감수자). 누구든 특정 관심사항을 공유할 그룹을 결성하고 음료, 식사 등을 제공하는 이벤트를 열어 다른 사람들을 초청하도록 도와준다. 이는 생각이 비슷한 사람들을 모으는 좋은 방법이며 대도시에서는 심지어 모호한 주제로 이벤트를 여는 경우도 있다. 밋업은 제품이나 서비스를 판매할 수 있는 방편이기도 하지만 같은 분야에서 일하는 생각이 비슷한 기업인이나 현지 기업인들을 만나는 장이기도 하다. 스타트업은 대체로 외로운 길을 가지만 늘 그럴 필요는 없다!

오섬 오츠의 론칭

전날 밤 늦게까지 웹사이트 얼개를 만들었으니 오늘은 완제품의 사진을 촬영하고 그 이미지를 사이트에 업로드한 뒤 첫 번째 고객을 찾아 나서면 된다.

제품 촬영은 푸드스타일리스트이자 디자이너인 알렉산드르 파가넬리가 자체 장비를 활용해 거의 해결했다. 파가넬리의 집 근처에 있는 인쇄소에 최종 라벨 디자인을 이메일로 보냈다. 인쇄소가 고품질 용지에 라벨을 출력해주면 파가넬리는 밤사이 포장 업체에서 받은 원통형 포장에 그 라벨을 붙일 것이다.

나는 파가넬리와 통화하면서 일정을 확인하고 오늘 정확히 어떤 사진을 찍어야 하는지 조율했다. 파가넬리는 앞으로 두 시간 동안 제품 사진을 찍으면서 중간중간 내게 전화해 작업이 의도대로 진행되고 있는지 확인할 것이다. 촬영이 끝나면 몇 시간에 걸쳐 사진을 편집해야 한다. 일반적으로는 이런 작업에 며칠이 걸리지만 파가넬리는 약속한 일을 마치기 위해 초고속으로 진행하겠다고 말했다.

상품 제작

파가넬리가 사진을 촬영하는 동안 나는 첫 번째 제품 제작과 고객 발굴에 착수했다. 최종 라벨, 원통형 포장과 레시피를 갖추었으니 이제 아이디어를 실물로 실현시킬 수 있다.

물론 오트밀 믹스를 대규모로 생산하기 시작하면 재료를 대용량으로 공급하는 업체를 찾아야 한다. 또한 대규모로 믹스를 생산해줄 외부 제조업체도 확보해야 한다. 하지만 오늘은 당장 진열대에 올릴 완제품만 만들면 되기 때문에 동네 슈퍼마켓에서 기본재료를 구입해서 부엌에서 만드는 편이 낫다.

오섬 오츠의 첫 번째 판매점 〈 둘째 날, 오후 12시 55분

드디어 완제품이 마련됐다. 머릿속에 아이디어만 가지고 가게를 방문한 지 거의 24시간 만에 실제 제품을 들고 어제 그 점원을 찾아갔다.

나를 보자마자 웃음을 터뜨리는 점원에게 임무를 완수했다고 설명했다. 또한 어제의 조언을 모두 반영해서 눈에 띄면서도 안정성 있는 포장을 만들었다고 알려줬다. 그에게 제품을 보여주자 정말 24시간 만에 디자인한 게 맞느냐며 놀라워했다.

"정말 멋져 보이네요."

점원이 탄성을 질렀다. 긍정적인 반응에 용기를 얻어 첫 번째 제품을 일주일 동안 진열해놓고 판매해달라고 부탁했다. 팔리든 안 팔리든 첫 번째 제품은 무료로 제공하며 혹시 팔리면 앞으로도 계속 판매를 고려해줬으면 좋겠다고 당부했다.

상품 진열 〈 둘째 날, 오후 1시 16분

내가 제품을 만들고 라벨을 포장에 붙이면서 들떠 있는 동안 파가넬리가 촬영한 첫 번째 사진을 보내줬다. 더 바랄 것이 없도록 완벽한 사진이었다. 레시피는 맛있어 보였고 포장 디자인은 하루 만에 탄생했다는 사실을 아무도 믿지 못할 정도로 훌륭했다.

오섬 오츠의 로고를 새긴 토트백과 인터넷 주문용 포장에 들어갈 홍보 스티커도 도착했다. 이처럼 별도로 제작된 물품은 기업의 전문성을 돋보이게 하고 바이어나 언론사에 샘플을 보낼 때도 보탬이 된다.

이제 홈페이지에 사진을 올릴 차례다. 잠시 후 파가넬리가 마지막 사진을 보내주면 홈페이지를 완성할 계획이다. 그사이에 페이스북 광고 캠페인을 시작할 만반의 준비를 마쳤다.

오섬 오츠 페이스북 캠페인 〈 둘째 날, 오후 2시 10분

사실 페이스북은 오트밀 믹스의 고객을 찾기 위해 광고를 내보낼 최적의 장소는 아니다. 하지만 앞으로 온라인에서도 제품을 팔 계획이기 때문에 홈페이지 트래픽을 증가시킬 필요가 있고, 페이스북은 그런 차원에서 활용하기 가장 쉬운 도구다.

페이스북에서 최초의 고객을 찾으려면 만만치 않은 비용이 들어 초기 판매로 이익을 내기 어렵겠지만 큰 문제는 아니다. 제품을 사용해보고 레시피, 포장, 주문 절차 등에 피드백을 줄 수 있는 '진짜' 고객을 유치하는 것이 무엇보다 중요했다. 최초의 고객들은 제품이 마음에 들면 긍정적인 리뷰를 작성해줄 것이고 그 리뷰는 홈페이지와 브랜드 마케팅에 보탬이 된다.

그러면 캠페인을 어떻게 진행하는지 살펴보자. 아주 간단한데 페이스북의 온라인툴이 안내하는 대로 차근차근 따라가면 된다. 세계 최대의 소셜미디어인 페이스북에서 제품을 광고하면 잠재적인 시청자가 수십억 명에 달한다. 하지만 구매할 가능성이 가장 높은 사람들을 대상으로 광고를 시작하는 것이 중요하다.

일단 페이스북에 오섬 오츠의 페이지를 만들고 회사 소개 글을 짧게 올린 뒤 알렉스가 보내준 사진 몇 장을 업로드했다. '좋아요'가 전혀 없으면 페이지가 쓸쓸해 보이기 때문에 몇몇 친구들에게 '좋아요'를 부탁했다.

대상고객이 누구인지 정확히 알 수 없더라도 짐작 정도는 할 수 있다. 일단 광고가 영국에 있는 25세부터 35세 사이의 사용자, 그중에서도 경쟁사의 페이지에 '좋아요'를 눌렀던 사람들에게만 표출되도록 설정했다. 경쟁 브랜드의 이름을 몇 개 입력하자 광고 대상이 8만 2,321명으로 압축됐다. 페이스북 기준으로는 아주 작은 규모지만 목표가 첫번째 매출을 내는 데 있으니 몇 명만이라도 관심을 가져주기를!

페이스북 광고 캠페인 실행 〈 둘째 날, 오후 3시 21분 〉

광고로 거창한 상을 받을 수는 없어도 최소한 '클릭'을 유도할 수는 있다. 페이스북이 광고를 승인하면, 설정해놓은 잠재고객을 대상으로 광고가 나간다. 사용자들이 광고를 클릭할 때마다 페이스북의 선불계정 잔액에서 수수료가 차감될 것이다. 수수료는 광고가 얼마나 효

과적이었는지, 대상으로 설정한 사람들이 얼마나 광고를 봤는지, 페이스북의 알고리즘이 처리하는 기타 요소 등에 따라 다르게 책정된다. 흥미롭지 않은가!

판매 준비 완료 둘째 날, 오후 4시 50분

사람들이 클릭하길 기다리는 동안 홈페이지에 사진을 추가로 올렸다. 첫 번째 고객들이 제품을 둘러볼 수 있도록 모든 준비가 완료됐다.

아이디어를 테스트하고 제품의 피드백을 받기 위해 지금은 동네의 작은 상점과 인터넷 직접 판매를 활용하고 있지만 궁극적으로는 대형 슈퍼마켓 납품이 나의 꿈이다. 슈퍼잼의 성장과정에서 나는 식료품 업계에서 기업이 계속 살아남으려면 결국 고객이 있는 곳으로 나가야 한다는 사실을 깨달았다. 내 제품이 가야 할 곳은 바로 슈퍼마켓의 진열대다.

슈퍼마켓 바이어에게 오섬 오츠 알리기

오트밀 믹스를 프리미엄 가격에 팔기로 결정했으니 영국의 최고급 슈퍼마켓 웨이트로즈를 개척하는 것이 최선이다. 웨이트로즈에 10년 이상 물건을 납품해왔으니 누군가 "이봐요, 그건 반칙 아닌가요. 웨이트로즈는 이미 당신의 친구 아닙니까!"라고 항변할지 모르겠다. 웨이트로즈의 잼 바이어와 원만한 관계를 유지하긴 했지만 아침 시리얼 바이어는 나에 대해 전혀 들어본 일도 없을 것이다. 설사 들어봤더라

도 갑자기 연락해오는 신생 납품업체에게 늘 그렇듯 깐깐하게 내 프로젝트를 심사할 것이다.

많은 사람들은 내게 "소매업체 바이어에게 어떻게 연락할 수 있을까요?"라고 묻는다. 그 방법이 얼마나 간단한지 알면 놀랄 것이다. 일단 링크트인에 '웨이트로즈 아침 시리얼 바이어'를 검색한다. 바이어의 프로필이 뜨면 이름이 확인됐으니 프로젝트에 대한 정보를 담아 이메일을 보내면 된다(이름.성@기업이름.co.uk).

이메일에는 오섬 오츠를 시작한 배경을 간략하게 소개한다. 미국에서 슈퍼프리미엄 오트밀 믹스가 성공한 걸 보고 영감을 얻었으며, 영국에서도 평범하기 그지없는 오트밀 분야에 신선함을 불러일으킬 기회가 충분하다고 덧붙인다. 이어 새 브랜드를 처음 6개월 동안 독점적으로 공급하겠다고 제안하면서 다음주나 다다음주에 만나 논의를 진행할 수 있을지 묻는다. 회의에는 샘플을 가져가겠다고 밝힌다. 물론 약속이 잡히면 믹스를 대량으로 생산할 방법을 미리 파악해야 한다.

바로 이거다. 머릿속에서 나온 지 이틀도 안 되는 아이디어가 이제는 영국에서 가장 큰 슈퍼마켓의 바이어에게 전달되는 것이다. 물론 바이어 입에서 "좋습니다."라는 말이 나오느냐는 별개의 문제다. 경험상 바이어가 제품을 즉시 받아들일 가능성은 낮다. 어쩌면 나는 진열대의 상품을 바꾸기에 적절치 않은 시점에 연락을 했을지도 모르며 바이어가 이메일에 언급된 미국시장의 실제 데이터를 원할 수도 있다.

그렇더라도 운이 좋으면 만날 기회가 생길 테고 그 자리에서 바이어는 어떤 점을 보완해야 진열대에 올릴 수 있는지 친절하게 알려줄 수도 있잖은가.

드디어 첫 판매! 둘째 날, 오후 7시 11분

참으로 긴 이틀이었다. 처음에는 '진짜 고객'에게 판매를 할 수 있을지 확신도 없는 상태였다. 그런데 페이스북 광고를 본 누군가가 한 통을 주문했다. 말하자면, 첫 번째 매출 11파운드(약 1만 6,000원)가 은행계좌에 들어오는 것이다.

신속하게 제품을 포장해 내일 아침 우체국에서 발송할 준비를 마쳤다. 고객이 포장과 내용물에 대해 어떻게 생각할지 정말 궁금하다. 고객이 제품을 수령한 일주일쯤 후에 이메일을 보내 제품에 대한 의견과 개선을 원하는 부분이 있는지 물어봐야겠다.

고객을 유치하는 광고에 80파운드(약 12만 원) 정도가 들었으니 아직 적자지만 중요한 문제는 아니다. 제품판매에 활용할 수 있는 채널은 무척 다양하다. 작은 가게든 슈퍼마켓이든 소셜커머스든 홈쇼핑 채널처럼 독특한 매체든 당신이 활용하기 나름이다.

오섬 오츠가 이익을 내는 기업으로 성장할 수 있을지 아직은 알 수 없다. 하지만 나는 지난 이틀 동안 누구든 48시간 안에 제품을 만들고 시장에 내놓을 수 있음을 직접 증명해보였다. 48시간의 여정으로 내가 얻은 교훈과 밟아온 절차가 여러분이 단기간에 꿈을 현실로 이루고 지름길을 모색하는 데 보탬이 되기를 간절히 바란다.

최초의 고객을 발굴하는 방법

어글리 드링크

어글리 드링크Ugly Drinks의 경영자 휴 토머스Hugh Thomas와 조 벤Joe Benn
은 코코넛음료 브랜드 비타코코VitaCoco에서 일했던 경험을 토대로 브랜
드를 만들었다. 그들은 어느 날 가게에 비치된 음료 냉장고를 살펴보았다.
냉장고에는 가당 음료수가 대부분이었다. 그러던 중에 도쿄를 여행하다가
무가당 차음료를 발견한 두 사람은 영국에서 무가당 탄산수를 선보이면
좋겠다는 아이디어에 이르렀다.

토머스와 벤은 탁월한 세일즈맨이다. 제품을 만드는 일에도 열정적이지만
판매를 할 때도 작은 기회 하나 놓치지 않았다. 두 사람은 어딜 가든 꼭
제품을 휴대하라고 조언했다.

"갑자기 오프라 윈프리Ophrah Winfrey를 만날지 누가 압니까!"

상점에 납품을 시작하는 방안에 대해서는 훌륭한 조언을 했다.

"판매의 첫 단계는 다른 사람의 입장이 되어 '내가 이 사람이라면 무엇을 찾을까' 궁리하는 것입니다."

그들은 미국 기업에서 일하면서 영국인 특유의 어색함을 극복하는 방법을 일찍 터득했다.

"판매의 기본은 친절하게 대하고 사람을 이해하는 것입니다."

벤은 납품할 판매점과 좋은 관계를 맺기 위해 노력하면서 제품의 개발이 어떻게 진행되고 있는지 지속적으로 전했다.

"많은 사람들은 판매를 벽에 공을 던지는 작업이라고 생각하지만 절대 그렇지 않습니다. 소통과 대화죠."

그들은 먼저 자신이 속한 업계의 판매경로를 파악하라고 조언했다. 새 판매점이 유통업체를 거쳐 구입하길 원하는지, 직접 구매를 원하는지 알아야 한다. 한 걸음 뒤로 물러서서 "이 가게가 왜 우리 제품을 비축하려는가?"를 자문하면 답이 보인다. 하지만 당신의 열정을 보여주는 일이 무엇보다 중요하다!

48-HOUR START-UP

제8장

마무리

이제 세상을 바꿀 차례

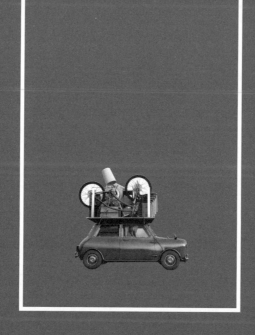

기진맥진하지만 며칠 안에 이뤄낸 성과를 돌아보고 새삼 내 자신에게 놀랐다. 여러분도 그 여정을 즐겼기를 바라며 이틀을 온전히 비워 48시간 창업 프로젝트에 도전하기를 권한다.

이틀 전 나는 완전 백지에서 출발했지만 오섬 오츠를 세상에 선보이는 데 성공했다. 인터넷 상점과 소매점 고객까지 확보한 오섬 오츠는 수제 브랜드를 넘어 크게 성장할 가능성을 지녔다고 생각한다.

아이디어를 '제대로 된 기업'으로 발전시키려면 갖춰야 할 많은 것들이 있다. 당초 이 책에서는 창업 결심 후 48시간을 집중적으로 다룰 계획이었지만 목표를 달성했다고 여기에서 작별을 고하면 독자들에게 몹쓸 짓이라는 생각이 들었다. 창업 사흘째부터는 도전과 어려움의 연속이다. 제품을 수익성 있는 기업으로 성장시키는 과정은 결코

순탄치 않다. 하지만 내가 지금까지의 경험으로 깨달은 교훈을 공유하면 조금은 편한 길이 되지 않을까 한다.

오섬 오츠 같은 사업을 다음 단계로 발전시킬 때 반드시 해야 할 작업이 있다. 어떤 일은 반드시 자기 손으로 해결해야만 한다. 주소지와 은행계좌가 있는 법인을 설립해야 하며 앞으로 성장을 이어가려면 같은 배에 올라탈 직원들을 뽑고 자본도 조달해야 한다. 이 책에서 기업 경영의 기초를 장황하게 이야기할 생각은 없다. 서점에 가면 이런 주제를 다룬 수많은 책을 살 수 있다. 다만 제8장에서는 '지루한 기초'를 최대한 빨리 살펴 독자들이 더 많은 시간을 재미있는 일에 쓸 수 있도록 하겠다.

오섬 오츠를 가내수공업 이상으로 키우기로 결심했으니 먼저 레시피를 대량으로 생산할 제조 파트너부터 찾아야 한다. 인터넷 주문이 급격히 증가하면 집에서 일일이 포장해 우체국으로 운반해 부치는 작업은 불가능하다. 따라서 나 대신 주문을 전달해 '고르고 포장하는' 작업을 수행할 기업을 찾아야 한다. 언젠가 오트밀 믹스가 해외로 수출되거나 지역사회를 위해 자선 프로젝트를 진행하는 기업으로 성장할지 누가 아는가.

법인 등록

상거래를 하다가 나중에 법인을 설립할 수도 있다. 수익성이 개선될 때까지 개인사업자로 운영하는 방법도 있다. 어떤 경우든 세무당국에 소득을 신고하고 세금을 납부해야 한다. 사업이 꽤 성공적이라면 세금납부 측면에서 유한회사로 등록하는 편이 가장 유리하고 안전하다. 온라인 회사 설립 대리인을 활용하면 이 일은 몇 분 만에 마칠 수 있으며 비용도 20~30파운드(약 3만 원~4만 5,000원)밖에 들지 않는다.

계좌 개설

이론상으로는 개인의 은행계좌를 활용해 사업을 시작할 수 있다. 사업 관련한 입출입 내역을 정확히 알 수만 있다면 문제없다. 하지만 빠른 시일 내에 법인계좌를 개설해서 기업이 그 계좌로 운영되도록 해야 한다. 안타깝게도 큰 도움이 안 되는 은행이 상당수이며 계좌개설에 며칠씩 걸릴 수도 있다. 잘 알아보면 고객 유치 차원에서 12개월 동안 무료로 계좌를 제공하는 은행을 찾을 수도 있다. 사업 초기에 조금이나마 돈을 아낄 수 있는 방법이다.

우편 주소 만들기

집에서 회사를 경영한다고 문제될 일은 전혀 없으며 특히 창업 초기에는 자기 집을 활용할 가능성이 높다. 혹시 개인정보가 새나갈까 염려된다면 사서함 주소를 만든다.

요즘에는 우편물을 받을 일이 별로 없으니 아예 우편주소를 사용하지 않을 수도 있다. 런던의 팰맬Pall Mall이나 뉴욕의 매디슨 애비뉴Madison Avenue 등 저명한 거리에 '가상의' 주소를 만드는 방법도 있다. 유명 거리의 우편함에 배달된 우편물은 원하는 경우 집으로 전달된다. 이 방법을 쓰면 기업이 가정집에서 운영된다는 인상을 주지 않는 이점이 있다. 약간의 수수료를 내면 우편물을 개봉해서 스캔한 뒤 이메일로 보내주는 서비스도 있다. 해외에 있더라도 중요한 우편물을 놓치지 않을 수 있다는 점에서 좋다.

정부 보조금

창업을 계획하는 사람들에게 가장 많이 받는 질문 중 하나가 "정부 보조금을 어떻게 받을 수 있을까요?"이다. 당신이 아닌 다른 누군가 사업을 시작하게 해주리라 기대한다면 기업가정신을 완전히 잘못 이해하고 있는 것이다. '아이디어를 보고 자금이나 직원을 대신 유치해올 누군가가 있겠지' 하는 안이한 마음으로 사업에 뛰어들면 성공하지 못할 가능성이 높다. 기업의 성공은 오로지 당신 손에 달려 있다. 애써서 얻어낸 도움이나 재정적 지원이 아니라면 보너스라고 여겨야 한다. 당신의 창업 지원이 정부의 업무가 아니며 정부가 그런 일을 잘 하리라고 기대해서도 안 된다. 그러니 정부가 대신 문제를 해결해주겠지 하는 기대는 품지 않는 것이 좋다.

무엇보다도 정부보조금을 따내거나 창업과정에 지원을 받으려다 가는 긴 시간을 허송세월하기 십상이다. 정부지원을 받으려면 화려한 사업계획을 작성하고 온갖 회의에 참석해야만 한다. 경험상 그런 지원이 의도 자체는 좋더라도 창업자가 직접 팔을 걷어붙이고 아이디어에 매달릴 때 수확이 더 크다. 물론 아이디어가 지원 자격을 충족한다면 당연히 두 팔 벌려 넙죽 받아야 한다. 보조금을 검색하는 인터넷 엔진도 있어서 어떤 자금을 받을 수 있는지 확인이 가능하다. 사업계획 템플릿과 보조금 지원 템플릿을 인터넷에서 찾으면 문서작업을 백지부터 시작하는 수고를 덜 수 있다.

보조금을 받기로 정하면 사업에 대해 이러쿵저러쿵 훈수 두는 사람들을 많이 만나게 된다. 자기 손으로 창업한 경험이 없으면서도 어느 순간 전문가가 된 사람들이다. 이들의 조언은 적당히 흘려서 듣는 편이 낫다. '전문가' 행세를 하는 사람들이 아닌 잠재고객과 시간을 보내면서 제품을 개선할 방법을 모색할 때 비로소 자신이 해야 할 일을 잘 파악할 수 있다.

크라우드펀딩

나를 포함한 많은 기업인들이 크라우드펀딩 덕을 톡톡히 봤다. 크라우드펀딩은 스타트업 창업자들에게 엄청난 기회의 문을 열어주는 새로운 자금조달 방식이다. 한때는 창업자금을 구할 곳이 친구나 가족, 은행, 엔젤 투자자 밖에 없었다. 이제는 고객, 지역사회, 대중 등 사실상 모든 사람에게 자금을 받을 수 있다. 크라우드펀딩은 아이디어를 키우는 데 절실한 자금을 조달할 뿐 아니라 당신의 뜻을 응원해주는 지원군을 확보할 수 있다는 점에서 획기적이다.

크라우드펀딩 역사상 가장 성공적인 사례는 스코틀랜드 기업인 브루독을 꼽을 수 있다. 아마 훌륭한 맛과 반항적인 이미지로 유명한 '펑크' 맥주를 마셔본 사람들도 있을 것이다. 브루독의 성공비결은 위험천만한 모험에 매료된 마니아를 중심으로 '추종자들'을 형성한 데 있다. 초창기에는 브루독의 로고를 새긴 문신을 보여주면 공짜 술을 제공했다.

브루독은 세계에서 가장 도수가 높은 맥주를 만들었다. 도수는 30도 정도였던 것으로 기억한다. 그러다 독일의 소형 양조장에서 도전장을 내밀면서 최고 도수의 타이틀을 빼앗겼다. 그러자 브루독은 '독일과의 전쟁을 선포'했다. 결국 브루독은 '역사의 종말'이라는 이름의 50도짜리 맥주를 만들어 다람쥐 가죽으로 포장한 뒤 병당 500파운드(약 76만 원)에 팔았다. 이 일은 CNN과 스카이 뉴스Sky News에서도 보도

한 유명한 사건이다. 브루독의 기행은 여기에서 그치지 않았고 곧 거대한 마니아층이 생겼다(물론 맥주 맛도 좋다).

무엇보다 브루독이 크라우드펀딩을 대대적으로 활용한 첫 번째 기업이라는 점은 칭찬받아 마땅하다. 스코틀랜드와 미국에 양조장을 새로 짓기 위해 브루독은 지난 몇 년간 수백만 파운드를 모집했다. 브루독은 매출을 5,000만 파운드(약 764억 원)까지 끌어올리기 위해 공격적으로 펀딩을 했을 뿐 아니라 팬을 '광팬' 군단으로 만드는 재주가 있었다. 브루독의 팬들은 어느 바를 가더라도 브루독만 주문했다. 재고가 없다면 이유를 따져 물었다. 또한 친구들에게 브랜드를 적극적으로 소개하고 바와 맥주에 대한 신선한 아이디어를 브루독에 전달했다.

나도 브루독의 성공에 영감을 받아 크라우드펀딩 캠페인을 몇 차례 진행했고 총 100만 파운드(약 15억 원)를 조달했다. 크라우드펀딩이 아니었다면 자금을 때마침 확보해 빠른 성장을 이어가지 못했을 것이다. 무엇보다 자본 이외에도 다양한 방법으로 브랜드에 기여하는 지지자들을 확보했다는 성과가 있었다. 우리의 새로운 주주들은 경험과 도움이 될 만한 인맥을 두루 갖췄다.

기업을 단시간에 성장시킬 전략으로 크라우드펀딩을 선택했다면 어떻게 캠페인을 성공적으로 진행할 수 있을지 여기에 요령을 공유하고 싶다. 우선 동영상이 무척 중요하다. 잠재 투자자들이 프로젝트에 매료되도록 설득력 있는 영상을 제작해야 한다. 영상에는 당신의 열정이 충분히 묻어나야 하며 영상을 본 사람들이 당신이야말로 아이디어를 실현시킬 적임자라고 신뢰할 수 있어야 한다.

동영상을 보고 관심이 생긴 투자자들은 프로젝트를 더 알기 위해 사업계획과 재정계획을 다운로드할 수도 있다. 계획서에는 과거의 경험과 성공만이 아니라 전문가의 추천서도 포함시키면 좋다. 사람들은 당신이 뛰어들려는 시장에 기업을 성장시킬 잠재력이 있는지 궁금해한다.

사업계획서와 재무계획서, 동영상을 손쉽게 올릴 수 있는 크라우드펀딩 플랫폼이 다양하게 존재한다. 많은 나라에 자체적인 크라우드펀딩 플랫폼이 있으며 영국에서는 크라우드큐브Crowdcube, 시더스Seedrs, 엔젤스덴Angels Den이 특히 인기다(크라우디, 유캔스타트, 오픈트레이드, 와디즈, 아띠펀딩, 팝펀딩, 텀블벅 등—감수자). 플랫폼에는 모집한 자금의 5퍼센트 정도를 수수료로 낸다. 플랫폼은 동영상을 업로드해줄 뿐 아니라 자체적인 네트워크에 당신의 아이디어를 홍보해줄 것이다. 이 과정에서 당신의 사업에 지대한 관심을 가진 투자자를 유치할 수도 있다. 하지만 낯선 대중crowd에게 호소하는 것 못지않게 당신의 인맥을 적극 활용해야 캠페인이 성공할 수 있다. 친구, 가족, 고객, 소셜네트워크 인맥에 펀딩 사실을 알려 모두 동참해달라고 요구한다. 링크트인에서 이메일 주소를 모두 다운받아 크라우드펀딩 페이지로 연결되는 링크, 사업계획을 전송하면 효과를 볼 수 있다.

자금조달에 성공하면 캠페인이 끝난 후에도 새 주주들에게 기업의 발전사항을 세세히 알려야 한다. 후원자들은 기업에 유용한 도움도

주겠지만 프로젝트에 관심이 유지되면 캠페인을 또 할 때도 참여할 가능성이 높다.

팀원 발굴

사업 아이디어를 발전시키는 데 투자자와 자금을 확보하는 일도 중요하지만 기업의 성장에 기여할 직원들을 고용하는 일 역시 중요하다. 적임자를 데려와서 지속적으로 동기를 부여하는 일은 생각보다 어렵지만 잘만 되면 그 인적 자원이 회사를 성공으로 이끈다. 이제는 '차별화 지점이 사라진' 시대인지라 제품이 경쟁자와 크게 다르지 않더라도 독특한 기업문화를 형성하는 일은 충분히 가능하다. 업계의 다른 기업보다 열정이 있고 열심히 일하며 기업가정신으로 무장하면 경쟁에서 앞설 것이다.

직접 사업을 해보니 스스로를 흥분시키는 아이디어를 발전시키고 직접 구매할 의향마저 있는 제품을 만들면 인재 유치가 훨씬 수월하다는 사실을 깨달았다. 사람들은 영혼이 살아 있는 회사에서 일하기를 원하며 스스로 신뢰하는 제품을 판매할 때 위대한 일을 성취해낸다.

개인적으로는 직원을 고용할 때 시장에서 가장 능력 있고 경험 많은 사람을 데려오려고 애쓰지 않았다. 물론 관련 분야에서 경험이 있는지는 중요하다. 하지만 브랜드에 열정이 있고 하는 일에 신념이 있느냐가 훨씬 더 중요하다. 열의를 보이고 현명하다면 차차 일하면서 필요한 지식과 기술을 습득할 수 있다.

창업 초기에는 여유자금이 없는데 일손까지 부족한 상황을 겪게 된다. 인턴 입장에서 스타트업은 기업을 함께 성장시키는 값진 경험을 할 기회이며 업계에 대해 많은 것을 배울 수도 있다. 엔턴십 Enternships, 인스파이어링인턴Inspiring Interns 등의 사이트에 구인광고를 올리면 열정 가득한 젊은 인턴을 선발할 수 있다(원티드www.wanted.co.kr, 로켓펀치RocketPunch, 더팀스THETEAMS, 잡플래닛jobplanet, 온코더OnCoder 등이 있다.―감수자).

경험이 많은 직원을 찾는다면 직접 연락하는 방법을 권한다. 점찍은 인재는 이미 다른 기업에 고용돼 당신이 생각한 그 업무를 하고 있을 가능성이 높다. 업계에서 인재가 있을 만한 기업의 목록을 작성하면 링크트인에서 적임자를 쉽게 찾을 수 있다. 직책을 입력하고 인재가 일할 만한 기업과 도시를 입력해 범위를 좁혀 간다.

직접 접촉해서 입사를 제안하면 호의적인 답이 돌아올 가능성이 높다. 많은 사람들이 기존 업무에 지쳤기 때문에 새로운 제안에 마음이 열려 있다. 게다가 갑갑한 회사 생활을 벗어나 스타트업에서 짜릿한 경험을 해보라고 제안하면 우수한 지원자들이 몰릴 수도 있다. 다만 보수가 높은 대기업에서 일하던 지원자라면 연봉이 걸림돌로 작용할 것이다. 이때 지원자에게 주식이나 스톡옵션을 제안하면 접점이 마련된다. 나는 회사의 성공이 직원의 발전에도 보탬이 돼야 한다고 믿는 사람이다. 그래야 직원들의 이해관계가 기업의 전체 목표와 같은 곳을 향하며 충성심을 이끌어낸다. 창립 멤버를 구하기란 극히 어렵지만 주식을 부여하면 회사를 떠나지 않고 오랫동안 같이 일할 수 있다.

수출

많은 사람들이 자기 제품을 전 세계에 판매하겠다는 야심찬 계획을 세운다. 기업가라면 당연히 꾸는 꿈이다. 특히 최근에는 해외에 제품을 판매할 수 없도록 막고 있던 장벽이 거의 허물어졌다. 인터넷을 활용해 사업을 하면 첫 주문이 해외에서 들어올 가능성도 있다.

하지만 제품을 판매하는 형태의 사업은 거주지역에서 가까운 시장에 집중하는 편이 바람직하다. 대다수의 기업에게 성공 확률이 가장 높은 시장은 자기 나라다. 따라서 초기에는 관심을 국내시장에 쏟기를 바란다. 국내에서도 성공하지 못하는데 해외판매에 성공할 가능성은 높지 않다. 화폐, 언어, 규제가 달라 거래가 더 복잡해지기 때문이다.

여전히 해외판매에 일부 장벽이 남아 있기는 하지만 성공하면 막대한 보상이 따른다. 일본, 호주처럼 먼 나라의 진열대에서 슈퍼잼을 만나면 그야말로 벅찬 감동이 밀려온다. 수출을 하면 먼 곳을 방문하는 즐거움도 있지만 대규모 판매가 일어난다는 점에서 고무적이다.

슈퍼잼이 큰 히트를 친 나라는 한국이다. 현지 파트너의 도움을 받아 2014년부터 수출하고 있다. 사실 수출하기 전까지는 한국이라는 나라에 대해 잘 몰랐고 수출 계획도 딱히 없는 상태였다. 최근에 쓴 《슈퍼잼 스토리》가 몇몇 나라에서 출판됐는데 한국이 그중 하나였다. 한국인 기업가 데이비드 민과 원한별 씨는 내 책을 읽고 '유레카'를 외쳤다고 한다. 슈퍼잼이 한국에서 사랑받을 수 있다고 확신한 두 사람은 내게 슈퍼잼을 판매하고 싶다는 의향을 전했다.

"물론이죠."

나는 새로운 아이디어에 도전하기를 언제나 즐기는 사람이 아닌가.

처음에는 주문이 200병 들어왔다가 2,000병에 이어 2만 병으로 늘었다. 지금까지 한국에서 팔린 슈퍼잼은 수십만 병에 달한다. 덴마크 기업가 예아네테 소렌센 Jeanette Sorensen의 경우도 마찬가지다. 소렌센은 슈퍼잼의 창업 이야기를 듣고 브랜드에 애착을 느끼게 됐고 지금은 덴마크 시장의 브랜드 매니저로서 유통에 도움을 주고 있다.

직접 경험해보니 다른 나라에서 제품을 팔기란 사업을 아예 처음부터 다시 시작하는 것이나 다름없었다. 그러므로 처음에는 작게 한두 군데 점포에 납품을 하면서 키워야 한다. 계획만 거창하게 세우고 꾸물대지 말고 직접 시장에 가서 제품을 공급하고 최초의 고객을 찾아 나서야 한다.

제품을 수출할 때 정부기관, 컨설턴트, 기타 '전문가' 등 도움을 주고 싶어 하는 많은 사람들을 만나게 된다. 당신이 구슬을 꿰는 데 기여하기 위해 선의로 무장한 사람들이 도처에 있다. 하지만 창업할 때와 마찬가지로 말로 떠들지 말고 실천에 옮겨야 한다. 600파운드(약 91만 원)면 전 세계 어느 시장에나 발을 디딜 수 있다. 휴가를 왔다고 생각하고 하룻밤에 30파운드(약 4만 5,000원)를 지불해 에어비앤비에 등록된 현지 숙소를 찾아간다. 현지인들에게 당신의 사업을 어떻게 생각하는지, 현지에서 사업을 시작하면 어떻게 느낄지 물어보면 목표고객에 대한 정보를 파악할 수 있다. 밋업 등 기업가들이 모이는 이벤트에 참여하면 인맥을 아주 손쉽게 만들 수도 있다. 전 세계의 기업인들은 우리의 식구나 다름없다. 나 같은 경우 어느 곳에 가든지 현지에 브랜드를 구축하도록 도와주는 사람들을 금방 찾을 수 있었다.

직접 방문하든 인터넷으로 연락을 하든 현지 파트너를 꼭 만나야 한다. 한국의 내 파트너들처럼 개인 기업인인 경우도 있고 기업일 수도 있다. 관건은 브랜드를 당신 못지않게 신뢰하고 자식처럼 아껴주는 사람을 찾는 것이다. 브랜드를 파트너의 손에 맡기기로 결정했다면 포장, 홈페이지, 마케팅 측면에서 현지화를 할 수 있도록 재량을 부여해야 한다. 나라마다 상황이 다르며 관심을 끄는 독특한 문화 요소도 발견할 것이다. 상대적으로 진출이 쉬운 나라도 있다. 최근 슈퍼잼은 일본에서 판매를 시작했는데 대형 홈쇼핑 채널 관계자와 만날 수 있기를 학수고대했다. 최선을 다했지만 안타깝게도 바이어를 접촉하는 데 실패했다.

결국 남은 카드는 하나였다. 다음에 도쿄에 갔을 때 약속도 잡지 않고 바이어의 사무실을 찾아갔다. 접수 담당자에게 내 소개를 하고 식품 바이어와 약속이 있다고 말했다. 얼마 후 그녀는 이름을 되묻더니 이렇게 말했다.

"죄송합니다만 회의가 잡혀 있지 않은 것 같습니다."

나는 바이어를 만나러 런던에서 왔는데 뭔가 혼선이 빚어진 것 같다고 말하자 담당자가 한발 물러나 바이어에게 전화를 걸었다. 몇 분후 드디어 기회가 왔다. 오전 내내 거울 앞에서 연습한 덕분에 바이어에게 일본어로 나와 슈퍼잼에 대해 아주 공손하게 소개하는 데 성공했다. 이어 약간 당황한 기색의 바이어와 명함을 교환하고 슈퍼잼에 대해 소개했다. 이어 내 삶을 일본에서 드라마화한 동영상을 유튜브로 보여주었다.

전 세계 홈쇼핑 채널에서 슈퍼잼의 판매가 얼마나 성공적이었는지 설명하자 그녀는 혼동이 일어난 점을 사과하면서 방송을 검토하겠다고 약속했다. 이어 영국에서 와줘서 고맙다면서 며칠 안에 가격과 공급 관련 구체적인 내용을 협상하겠다고 알려줬다.

해외에서의 제품판매는 기본적으로 자기 나라에서 판매하는 일과 크게 다르지 않다. 그저 방문해서 믿을 만한 사람을 찾으면 된다. 물론 적당히 안주하려는 마음을 평소보다 훨씬 더 경계해야 한다.

사회적 목적

나는 창업이 내가 원하는 방향으로 무엇이든 이룰 수 있는 일이라는 점에 매료됐다. 혹자는 부자가 되려고 창업을 하는데 그것도 나쁘지 않다. 내 경우에는 좋아하는 일을 하면서 돈을 벌 수 있을 뿐 아니라 신념에 따라 세상을 변화시킬 수 있다는 사실에 흠뻑 빠졌다.

10대부터 나는 바디샵의 창업가 아니타 로딕Anita Roddick 같은 기업인들의 이야기에서 영감을 많이 받았다. 로딕은 개인의 가치를 고수하면서도 기업을 대대적으로 성공시킬 수 있음을 입증했다. 그녀는 또한 기업활동이 저항의 수단이 될 수도 있음을 세상에 보여줬다. 포장과 광고를 활용해 신념을 알리고 자신이 생각하는 대의에 이윤을 사용했다.

사업을 하면서 가장 감격스러웠던 순간은 웨이트로즈 슈퍼마켓에 슈퍼잼이 처음으로 진열된 날이었다. 수년을 달려온 끝에 꿈을 이룬 순간이었다. 지금도 외국에 가면 슈퍼마켓에 들어가 내 제품이 장바구니에 담겨 있는 모습을 흐뭇하게 바라본다. 수백만 명의 사람이 내 제품을 좋아한다는 생각을 하면 가슴이 뜨거워진다. 내겐 그것이 성공이다.

한편으로는 우리가 거둔 이익의 일부를 투자해 자선단체를 설립하는 것도 성공의 또 다른 모습이라는 생각이 든다. 여기에는 약간의 배경 설명이 필요하다. 어릴 적 할머니는 잼과 스콘을 만들어 혼자 살거나 요양시설에 있는 지역 노인들을 찾아가곤 했다. 주말에는 우리 형제를 데려갔는데 동생 코너는 기타를 연주하고 나는 이야기를 들려드렸다. 어릴 때는 할머니가 왜 그런 일을 하는지 몰랐다. 어른이 돼서야 할머니가 신념에 따라 노인들을 도왔다는 사실을 깨달았다. 슈퍼잼이 성공하자 어릴 적 할머니가 했던 일을 크게 키웠으면 좋겠다는 생각이 들었다. 그래서 요양시설, 병원, 복지회관의 노인들을 위한 무료 티파티를 열기 시작했다. 처음에는 스코틀랜드에서만 파티가 열렸는데 이제는 영국 전역에서 티파티를 즐긴다.

지난 몇 년 동안 우리는 수백 번의 파티를 열었다. 행사규모가 가장 컸을 때는 500명 가량의 노인들을 포함해 수천 명의 참석자가 어울려 뜻깊은 시간을 보냈다. 이제 티파티는 영국을 넘어 호주와 한국, 심지어 미국에서도 한두 군데에서 진행된다. 아쉽게도 미국에서 열리는 행사에는 '티파티'라는 이름을 쓰지 않는다. 그곳에서는 사뭇 다른 의미를 지닌 단어기에…(미국에서는 세금 징수에 반대하는 단체를 일컫는다).

최근에는 어디서나, 누구든 자기 지역에서 자발적으로 티파티를 열 수 있도록 문을 활짝 열었다. 우리 웹사이트 superjamteaparties.com에 들어와 파티를 신청하면 잼은 물론이고 약간의 활동비를 제공한다. 장소를 확보하고 밴드를 불러 환상적인 오후를 보내는 데 요긴하게 쓸 수 있을 것이다.

슈퍼잼 티파티에 모인 수백 명의 노인이 즐거운 오후를 보내는 모습을 보고 있노라면 누군가에게 근사한 시간을 선사하는 데 일조했다는 생각에 흐뭇하다. 함께 일하는 모든 사람들도 돈을 버는 것 이상으로 중요한 의미가 있는 선한 사업에 동참하는 기쁨을 누리고 있다. 이런 개인적 경험을 바탕으로 당신의 기업이 사회적인 목적을 갖는 방안에 대해 이야기하고자 한다. 사회에 대한 기여는 그 자체로도 선한 일이지만 사업적으로도 긍정적인 의미가 있다. 고객들은 기업이 사회에 기여하는 활동을 응원한다. 또한 차이를 만들고 세상을 더 나은 곳으로 만드는 브랜드를 구매하고 싶어 한다.

사회적 목적은 전적으로 당신이 정해야 하는데 특별히 관심을 가진 분야여야 한다. 제품과 연관성이 있거나 고객도 관심을 보이는 분야라면 더욱 좋다.

목적을 여러 방법으로 실현할 수 있다. 아예 프로젝트로 만들 수도 있고 자선단체의 '프로 보노'pro bono(전문가들이 사회적 약자를 위해 행하는 봉사활동—옮긴이)가 되거나 이익의 일부를 좋은 일에 쓸 수도 있다. '하나를 사면 하나를 기부하는' 정책을 내걸어 제품의 판매 개수에 해당하는 돈이나 제품을 대의를 위해 쓸 수도 있다. 사회적인 목적이 분명한 기업은 마케팅을 할 때 다른 기업과 차별화되는 목소리를 낼 수 있다. 사회적 기여가 기업활동과 연관성이 있다면 메시지를 강화하는 데도 보탬이 된다. 옳다고 여기는 문제에 기여함으로써 기업이 보다 인간적이고, 실제적으로 변하며 사람들의 지지를 이끌어낼 수 있다.

약간의 애정과 고된 노력, 재능 있는 인재들의 도움을 받아 이틀간 수행한 이 실험이 경이적인 존재로 성장하는 모습을 상상하면 깊은

감동이 몰려온다. 이 일이 내 인생을 바꿨듯 당신의 사업이 당신에게
도 인생을 바꿀 존재와 경험을 만들어주길 바란다. 무엇보다 지역사
회에 환원할 수 있는 기회를 주는 그런 존재로 성장하기를 꿈꾼다.

크라우드펀딩 캠페인에 성공하는 방법

릭칼릭스

도미닉Dominic 과 카리스Karis 는 몇 년 동안 자녀들과 친구들에게 천연 아이스캔디를 만들어주다가 아예 릭칼릭스Lickalix 라는 회사를 차리기로 했다. 두 사람은 미국에서 막대 아이스크림이 성공을 거두는 것을 보고 영국에서도 성공을 확신했다. 그들은 홈메이드 아이스캔디를 몇 군데 납품하다가 크라우드펀딩을 활용해 사업을 키우기로 결정했다.

두 사람은 사업을 확대하는 데 있어 크라우드펀딩이 여러모로 자연스러운 결정이었다고 말했다. 자체 생산 시설을 짓는 데 막대한 자금이 들기 때문에 언젠가 자본을 유치해야 한다는 생각을 했지만 회사의 경영권을 크게 양보할 마음은 없었다. TV쇼 〈드래곤스 덴〉에서 시청자의 재미를 위해 거친 대접을 받으면서 지분을 30~40퍼센트 잃는 상황도 원치 않았다.

은행은 릭칼릭스 같은 소기업에는 별다른 큰 관심이 없으며 두 사람도 대출을 고려하지 않았다.

그러다 아이스캔디처럼 누구나 아는 식품사업은 크라우드펀딩에 적합하다는 결론을 내렸다. 또 영국의 기업투자제도Enterprise Investment Scheme는 투자자들의 리스크를 제한하기 위해 투자액의 30~50퍼센트를 세제 혜택으로 돌려주는 막대한 인센티브를 제공한다는 정보도 들었다. 따라서 투자를 설득하는 작업이 크게 어려워 보이지 않았다.

결과적으로 릭칼릭스의 크라우드펀딩 캠페인은 큰 성공을 거뒀다. 200명 이상의 투자자가 펀딩에 참여했다. 캠페인이 종료된 후 두 사람은 서너 달에 한 번씩 투자자들에게 메일을 보내 회사 소식을 알렸다. 또한 투자자들이 좋은 제안을 할 수 있도록 초청했는데 예를 들면 각자의 지역에 있는 카페에 아이스캔디를 납품하자는 아이디어가 나왔다. 한 고액 투자자는 릭칼릭스의 이사회에 활동하면서 자신의 경험을 전수하는 방식으로 기여했다. 전반적으로 릭칼릭스에게 크라우드펀딩은 만족스러운 경험을 안겨줬다. 두 사람은 크라우드펀딩을 고려하는 사람들에게 단도직입적으로 조언했다.

"훌륭한 동영상 제작은 아주 중요합니다. 한 가지 조언을 하자면 창업자의 실물이 등장하지 않는 애니메이션은 바람직하지 않습니다. 사람들이 창업자의 모습과 그 속에서 빛나는 열정을 두 눈으로 확인한다는 사실이 정말 중요하거든요."

48시간 이내 창업을 하는 이 프로젝트에는 기업을 초고속으로 설립할 수 있게 도와주는 방편을 총동원했다. 그중에는 기존에 새 아이디어를 발굴하고 고객과 소통하며 팀 작업을 할 때 매일 활용해온 도구도 많이 포함됐다. 여기에서는 앞서 언급한 모든 리소스의 목록과 여러분의 스타트업을 운영하는 데 도움이 될 만한 다양한 툴도 소개한다. 리소스와 사이트의 링크는 '48hourstartup.org'에서도 볼 수 있다(감수자의 도움을 받아 국내에서 활용할 만한 리소스와 툴 등을 덧붙였다. 해당 부분은 ▶기호로 따로 표시했다.—편집자).

위에 소개한 사이트를 꼭 들르기 바란다. 다양한 분야의 스타트업 창업가들과 성공한 기업인들을 직접 인터뷰하면서 성공비결과 노하우, 창업 초보자들을 위한 조언을 공유해달라고 요청했다. 특별히 이 책에서 소개한 몇몇 기업인을 포함해 많은 기업인과 나눈 심도 깊은 대화가 담겨 있다.

존경하는 기업인들과의 인터뷰 파일을 제공하는 한편 블로그에는 이 책의 독자 여러분의 이야기를 포스팅할 예정이다. 여러분이 시작한 프로젝트를 소속 공동체에도 알리기 위해서다. 부디 우리의 인연이 이대로 끝나지 않기를. 좋은 소식을 들려주길 기대합니다!

스타트업 액셀러레이터

와이콤비네이터Y Combinator, 웨이라Wayra, 시드캠프Seedcamp, 테크스타Tech Stars, 런치박스Launchbox, 드림IT벤처DreamITVentures, 시드로켓SeedRocket, 알파랩AlphaLab, 부트업랩BootupLabs, 숏풋벤처Shotput Ventures, 캐피탈팩토리Capital Factory, 500스타트업500startups, 스타트업부트캠프StartupBootcamp

▶ 액셀러레이터리더스포럼(alfkorea.org, 한국의 대표적인 액셀러레이터들이 모여 있
다), 스파크랩(www.sparklabs.co.kr), 벤처스퀘어(www.venturesquare.net), 퓨처
플레이(futureplay.co), 프라이머(www.primer.kr), 디캠프(dcamp.kr), 블루포인
트파트너스(bluepoint-partners.com), 액트너랩(www.actnerlab.com), 더벤처스
(blogkorean.theventur.es), 팁스TIPS(join.tips.or.kr, VC액셀러레이터들을 중심으로 운
영되고 있는 중소벤처기업부 민간투자주도형 기술창업지원 프로그램)

아이디어의 영감을 주는 곳

더넥스트웹TheNextWeb, 베타리스트Betalist, 테크크런치TechCrunch, 패스트컴퍼니
FastCompany, 와이어드Wired, 스프링와이즈Springwise, 트렌드스포팅Trendspotting, PSFK,
쿨헌팅Coolhunting, 스타트업Startups.co.kr

▶ 벤처스퀘어(www.venturesquare.net), 비석세스(besuccess.com), 플래텀
(platum.kr), 데모데이(www.demoday.co.kr), 아웃스탠딩(outstanding.kr), 모비
데이즈(www.mobidays.com)

디자인의 영감을 주는 곳

더다이라인TheDieline, 러블리패키지LovelyPackage, 비핸스Behance, 드리블Dribbble, 디자
인스피레이션Designspiration

크라우드 펀딩

엔젤리스트AngelList, 킥스타터Kickstarter, 인디고고Indiegogo, 크라우드큐브Crowdcube(영
국), 시더스Seedrs(영국), 엔젤스덴Angels Den(영국)

▶ 크라우디(www.ycrowdy.com), 유캔스타트(www.ucanstart.com), 오픈트레이
드(otrade.co), 와디즈(www.wadiz.kr), 아띠펀딩(www.attyfunding.co.kr), 팝펀

딩(www.popfunding.com), 텀블벅(tumblbug.com)

도메인 이름 등록

버스트어네임_{BustAName} (아이디어에 관련된 단어를 입력하면 등록 가능한 범위 내에서 단어의

조합을 생성한다), 네임스테이션_{NameStation} ('대중'이 도메인 이름을 선택받기 위해 경쟁을 벌

인다), 고대디_{GoDaddy} (최대의 도메인 등록 사이트), 세도_{Sedo} (도메인 이름 경매 사이트)

▶ 후이즈(domain.whois.co.kr), 가비아(www.gabia.com)

지적재산권 정보

Ipo.go.uk, USPTO.gov - 정부에 등록된 IP를 확인하고 상표와 특허를 등록

한다

▶ 특허청 키프리스(www.kipris.or.kr, 특허 검색), 구글에서도 가능하고 특히 해외

특허까지 검색이 가능하다.

글자체

Fontfabric.com, Losttype.com, MyFonts.com, YouWorkForThem.com

▶ 네이버 다운로드 서비스(software.naver.com, 무료 한글 글꼴은 여기서 폰트 리스트

를 확인한다)

프리랜서 장터

업워크_{Upwork}, 이랜스_{Elance}, 유노주노_{YunoJuno}, 프리랜서_{Freelancer}, 피플퍼아워_{People-}

_{PerHour}

▶ 이랜서(www.elancer.co.kr), 위시켓(www.wishket.com), 크몽(www.kmong.com)

공예 장터

엣시_{Etsy}, 낫온더하이스트리트_{NotOnTheHighStreet}

▶ 아이디어스(www.idus.com)

주문형 상품 제작

재즐 Zazzle, 카페프레스_{CafePress}, 스프레드셔츠_{Spreadshirt}, 에버프레스_{Everpress}, 머치
파이_{Merchify}, 수프림크리에이션_{SupremeCreations}

▶ 컨티뉴(www.conteenew.com/shop)

중국 제조업체 찾기

알리바바_{Alibaba.com}(세계 최대의 제 3자 제조업체 정보 사이트)

자체 출판

블러브_{Blurb}, 아마존 크리에이트스페이스_{Amazon CreateSpace}

▶ 북랩(www.book.co.kr), 책수레(www.checsure.com), 프린트모아(www.printmoa.
com), 이외에도 포털사이트에서 주문출판, 자비출판 등으로 검색하면 관련
업체를 찾을 수 있다.

홈페이지 디자인 및 구축

쇼피파이_{Shopify}, 스케어스페이스_{SquareSpace}, 스트라이킹리_{Strikingly}('끌어놓기'<sub>drag and
drop</sub> 방식의 웹사이트 구축 사이트), 테마포레스트_{ThemeForest}(미리 완성된 디자인의 웹사이트
템플릿 제공), 발사믹 목업_{Balsamiq Mockups}(사이트를 원하는 레이아웃으로 빠르게 제작)

▶ 윅스(ko.wix.com, 무료 홈페이지 만들기), 식스샵(www.sixshop.com, 쇼핑몰 만들기)

결제 처리

페이팔PayPal, 스트라이프Stripe, 고카드리스GoCardless

▶ 아이엠포트(www.iamport.kr)

회원제 서비스 결제

차지파이Chargify, 새시Sassy, 스피들리Speedly

오프라인 결제

스퀘어Square, 아이제틀iZettle, 쇼피파이Shopify

▶ KG이니시스를 통해 페이팔, 알리페이 등 해외결제 서비스를 사용할 수 있다. 국내에서는 아이엠포트라는 서비스가 개발사들의 서비스를 전자지급 결제대행 업체와의 연동을 손쉽게 지원해준다.

인턴 채용

엔턴십Enternships, 인스파이어링 인턴Inspiring Interns

▶ 잡코리아(www.jobkorea.co.kr), 인크루트(www.incruit.com), 사람인(www.saramin.co.kr), 워크넷(work.go.kr), 알바몬(www.albamon.com), 로켓펀치(www.rocketpunch.com)

스톡 사진

셔터스톡Shutterstock, 알라미Alamy, 아이스톡포토iStockphoto, 드림스타임Dreamstime

▶ 언스플래쉬(Unsplash.com, 고화질 무료 사진)

전문가의 조언

클래리티Clarity.fm (수수료를 내면 전문가와 전화 연결)

▶ 전국 창조경제혁신센터, 콘텐츠코리아랩, 서울창업허브 등에서는 창업 원스톱 자문 서비스들이 있다. 이를 이용하면 법률, 세무, 회계, 창업지원 등의 정보를 쉽게 취득할 수 있다. 각종 전문가 멘토링 서비스도 갖추고 있고 매주 네트워킹 행사가 열리고 있어 다양한 도움을 얻을 수 있다.

팀 조직

아사나Asana, 리멤버더밀크RememberTheMilk, 베이스캠프BaseCamp, 트렐로Trello, 캘린들리Calendly, 에버노트Evernote, 조인Join.me, 슬랙Slack

▶ 콜라비(www.collab.ee), 잔디(www.jandi.com), 닥스웨이브(www.docswave.com), 비캔버스(beecanvas.com)

SNS 관리

훗스위트Hootsuite, 스쿠프Scoop.it, 콘텐츠 마케터Content Marketer, 버퍼Buffer, IFTTT, 버즈스모Buzzsumo, 내로우Narrow

분석

허브스폿Hubspot, 모즈Moz, 브랜드24Brand24, 옵티마이즐리Optimizely, 플레어Flare, 스모미SumoMe, 구글 트렌드Google Trends, 구글 애널리틱스Google Analytics, 랭크트랙RankTrack

마케팅 툴

서베이몽키SurveyMonkey, 메일침프MailChimp, 우푸WuFoo, 센드그리드SendGrid

▶ 마담(www.madahm.com), 마이메일러(www.mymailer.co.kr), 뿌리오(www. ppurio.com), 오즈메일러(www.ozmailer.com), 오픈서베이(www.opensurvey. co.kr)

고객 서비스 툴

도어벨Doorbell, 젠데스크Zendesk, 인터콤Intercom, 헬프Help.com, 데스크Desk.com, 겟 새티스팩션Get Satisfaction

생산성 툴

레스큐타임RescueTime, 토글Toggl, 포켓Pocket, 구글 드라이브Google Drive, 드롭박스 DropBox

회계, 재무, 법 관련 툴

이그젝트Exact(클라우드 회계 소프트웨어), 제로Xero, 민트Mint, 익스펜시파이Expensify, 웨이브Wave, 요들리Yodlee, 보드트리BodeTree, 텀스피드TermsFeed(T&C를 몇 분 안에 작성 가능)

▶ 자비스(jobis.co), 로톡(www.lawtalk.co.kr)

99디자인99Designs(로고 디자인 컨테스트 개최)

▶ 라우드 소싱(www.loud.kr)

코파운더스랩CoFoundersLab(스타트업의 공동 창업자 연결)

추천 도서

내가 기업가의 길을 가는 데 도움을 줬던 책과 이 책에서 언급했던 기업가들의
저서를 소개하고자 한다.

《어느 광고인의 고백》Confession of an Advertising Man, 데이비드 오길비 지음, 서해문집.
《Ben&Jerry's Double Dip》, 벤 코언Ben Cohen · 제리 그린필드Jerry Greenfield 공저,
Simon & Schste.
《나는 왜 이 일을 하는가》Start With Why, 사이먼 사이넥 지음, 이영민 옮김, 타임비즈.
《스마트컷》Smartcuts, 셰인 스노 지음, 구계원 옮김, 알에이치코리아.
《영적인 비즈니스》Business as Unusual, 아니타 로딕 지음, 이순주 옮김, 김영사.
《린 스타트업》The Lean Startup, 에릭 리스 지음, 이창수 외 옮김, 인사이트.
《창업의 시대, 브루독 이야기》Business for Punks, 제임스 와트 지음, 김태훈 옮김, 알
에이치코리아.
《단순함의 법칙》The Laws of Simplicity, 존 마에다 지음, 현호영 옮김, 유엑스리뷰.
《프리》FREE, 크리스 앤더슨 지음, 정준희 옮김, 랜덤하우스코리아.
《딜리버링 해피니스》Delivering Happiness, 토니 셰이 지음, 송연수 옮김, 북하우스.
《4시간》The 4-Hour Workweek, 티모시 페리스 지음, 최원형 옮김, 부키.